ANDERSON SPIDER SILVA

ANDERSON SPIDER SILVA

O RELATO DE UM CAMPEÃO NOS RINGUES E NA VIDA

EM DEPOIMENTO A
EDUARDO OHATA

PRIMEIRA PESSOA

PREPARO DE ORIGINAIS: Alice Dias
REVISÃO: José Tedin e Luis Américo Costa
PROJETO GRÁFICO E DIAGRAMAÇÃO DO MIOLO: Ilustrarte Design
PROJETO GRÁFICO E DIAGRAMAÇÃO DO CADERNO DE FOTOS: Ana Paula Daudt Brandão
CAPA: Marcelo Pereira
IMAGEM DE CAPA: Josh Hedges / Zuffa LLC / Getty Images
IMPRESSÃO E ACABAMENTO: Lis Gráfica e Editora Ltda.

CIP-BRASIL. CATALOGAÇÃO-NA-FONTE
SINDICATO NACIONAL DOS EDITORES DE LIVROS, RJ

S578a Silva, Anderson
Anderson Spider Silva : o relato de um campeão nos ringues e na vida / depoimento a Eduardo Ohata. - Rio de Janeiro: Sextante, 2012.
176p. : il. ; 16x23cm

ISBN 978-85-7542-783-5

1. Silva, Anderson. 2. Lutadores marciais - Brasil - Biografia. I. Ohata, Eduardo. I. Título.

12-1774 CDD: 927.968
CDU: 929:796.8

GMT Editores Ltda.
Rua Voluntários da Pátria, 45 – Gr. 1.404
Botafogo – 22270-000 – Rio de Janeiro – RJ
Tel.: (21) 2538-4100 – Fax: (21) 2286-9244
E-mail: atendimento@esextante.com.br
www.sextante.com.br

Este livro é dedicado a Edith (in memoriam), *Dayane, Keiry* (in memoriam), *Kaory, Kalyl, Kauana, Gabriel e João.*

AGRADECIMENTOS

A ideia deste livro foi apresentada pela turma da 9ine. Topei de cara porque achei que seria uma boa oportunidade de contar, com minhas próprias palavras, uma parte da minha trajetória de vida e de lutador. Agradeço ao Ronaldo, que fez questão de me ter a seu lado na agência e é hoje um grande amigo, ao Marcus Buaiz, seu sócio e outro grande amigo, ao Fábio Kadow e ao Sérgio Amado, a quem devo meu primeiro contato com Ronaldo. O time da 9ine é dez!

Da mesma forma, conto com uma equipe que me acompanha há muito tempo e que também me proporciona o suporte e a amizade em todos os momentos. São os casos de Hebert Mota, Dandan, Rogério Camões, irmãos Nogueira, Cesário, Josuel Destaque e Ramon Lemos, entre tantos colaboradores.

Nem sempre é fácil lembrar alguns momentos da vida, e eu agradeço ao jornalista Eduardo Ohata, que ao longo de mais de 20 horas de conversas soube captar o que eu gostaria de passar às pessoas.

Faço questão de agradecer também a todos os mestres que me tornaram o lutador que sou hoje – Leandro Frates, Kang, Edmar

Cirilo dos Anjos, Cláudio Dalledone Jr., Fábio Noguchi, Almir Ramos, Diógenes, Gibi, Vitor Ribeiro, André Xaropinho, Rogério Camões, Edelson, Luis Dórea e Sérgio Cunha, meu ex-treinador.

Obrigado também aos meus alunos, faixas pretas e amigos Marquinhos Duncan, XPey, Marcílio, Damasu, Dandan, George, Pablo, Claudio, Zanon e Carlos Mel Dolar (*in memoriam*).

Aos meus patrocinadores e ao Corinthians, que me permitem estar focado integralmente na melhor preparação para cada combate, meu agradecimento pela confiança no homem e na "marca" Anderson Silva.

Agradeço aos lutadores brasileiros que treinaram ou lutaram comigo ao longo dos últimos 15 anos. Ao dividir o octógono com cada um deles, eu me tornei um atleta mais completo.

Finalmente, dedico aqui uma palavra especial de agradecimento ao meu mestre Rodrigo Nogueira, o Minotauro, e ao seu irmão, Rogério Minotouro. Sem o apoio de um ser humano especial como Rodrigo, eu provavelmente teria desistido da minha carreira.

Por último, obrigado ao povo brasileiro pelo carinho e pela acolhida que tem me dedicado. Só encontro palavras de incentivo aonde quer que eu vá. Este calor e esta torcida me impulsionarão em direção a novas conquistas.

SUMÁRIO

Francisco Cepeda / AgNews

Prefácio

NA TEIA DO ARANHA

por Ronaldo Nazário de Lima

Minha vida dentro dos campos foi marcada por muitas conquistas. Fora dos campos, quando iniciamos o projeto da 9ine e escolhemos Anderson Silva como o primeiro atleta para quem realizaríamos o trabalho de gerenciamento de imagem, sabíamos que não era hora de errar. A parceria tinha de ser vencedora.

Logo que conheci Anderson percebi estar diante de um brasileiro muito diferente do estereótipo desenhado no imaginário das pessoas para lutadores de MMA, um vencedor já reconhecido lá fora. Faltava o principal para o atleta que sai do país em busca de títulos: o reconhecimento do seu próprio povo.

Neste relato corajoso e sincero, Anderson fala, entre muitas coisas, que gosta de usar máscara facial. Posso garantir que é a única máscara que ele usa. É atleta de alto nível e fama mundial, mas também despojado, relaxado e humilde. Ao conhecer melhor sua história, fica claro que o sucesso não acontece por acaso. Anderson passou por todo tipo de dificuldade e provação. Podia ter escolhido o caminho errado mais de uma vez. A vida o testou em diversas ocasiões.

De uma forma diferente, a vida me testou também. As contusões sofridas e as cirurgias a que me submeti talvez levassem outros atletas a desistir. Por alguma razão, eu sabia que alguma coisa melhor estava reservada mais à frente. Anderson sentiu algo parecido quando as portas pareciam se fechar, uma a uma.

A vida pode tirar alguma coisa num momento, mas ela é generosa o suficiente para devolver em dobro logo adiante. É como numa luta. Perde-se um round, mas sempre é possível encontrar o golpe perfeito e finalizar o combate. Eu me vi muitas vezes no depoimento do Anderson. Impossível não se identificar com quem ouve o destino sussurrar que desista de seu sonho e, ainda assim, segue em frente.

Por pouco Anderson não foi obrigado a abandonar sua carreira. Por pouco não tomou um caminho sem volta num momento de desespero. A vida tirou-lhe uma filha. Anderson foi vítima de racismo mais de uma vez. Foi alvo de injustiças e calúnias. Foi perseguido covardemente. Foi agredido, humilhado e ameaçado. Tentaram boicotar sua trajetória vitoriosa. Nada disso, porém, foi capaz de impedir a caminhada do Aranha.

Anderson é um grande pai. Um cara que ama sua família e vive por ela, mesmo estando distante muitos meses num ano. É um exemplo de atleta, alguém que respeita seus adversários. É um lutador que enxerga nas artes marciais um caminho para o autoconhecimento.

As páginas deste livro podem ser lidas como quem assiste a um combate. Nos primeiros rounds, o herói é golpeado. À medida que a luta avança, ele vira o jogo até a glória do título e do reconhecimento internacional.

Fico feliz em saber que Anderson Silva é hoje um ídolo aclamado no Brasil.

Juntos e misturados, Anderson!

INTRODUÇÃO

Anderson "The Spider" Silva! Muitas vezes escutei o locutor me chamar assim. O Homem-Aranha apareceu na minha vida bem antes disso. Adorava suas histórias. Sempre que juntava um dinheirinho, dava um jeito de comprar seus gibis. Essa era minha identidade secreta quando moleque. Peter Parker, Homem-Aranha. Até máquina fotográfica dei um jeito de usar para tornar a coisa mais verdadeira. Minha tia Edith não sabia da minha identidade secreta. Em casa eu era apenas Anderson "Peter Parker" Silva. Fora de casa, me transformava no herói que voava por cima dos carros, dos arranha-céus, das pessoas e de toda a cidade.

O tempo passou e pude compreender o porquê do meu fascínio pelo Aranha. Assim como Peter Parker, fui criado por uma tia. O Homem-Aranha foi muitas vezes vítima de injustiças e incompreensões. É um herói mais humano do que os outros. Um cara tão imperfeito que não foi capaz de impedir a morte do próprio tio. Na minha vida, volta e meia me culpei por acontecimentos que eu talvez não tivesse a possibilidade de evitar.

A teia do destino é tão invisível que a gente chega à conclusão de que só mesmo alguém dotado de poderes divinos, um deus de verdade, e não um herói com todas as suas fraquezas, pode estar por trás de tantos fatos que se sucedem e se amontoam de uma maneira que nenhum autor de histórias em quadrinhos poderia imaginar.

A primeira coisa que o Aranha fez quando se viu investido de superpoderes foi subir num ringue. Assim como ele, eu também não desconfiava que fosse capaz de derrotar tantos adversários quando me aventurei no mundo das lutas. Nas páginas deste livro, vou contar uma parte da trajetória do cara que muita gente já viu no octógono, nas campanhas publicitárias, nos talk shows e no cinema. A novidade é que, desta vez, o público vai conhecer um pouco mais da minha vida fora dos ringues. Procurei ser o mais verdadeiro possível sem a fantasia do Spider Silva.

Como diria Peter Parker, um grande poder vem acompanhado de grande responsabilidade. Agora estou diante da responsabilidade de contar a minha própria trajetória.

Espero que todos curtam esta viagem enquanto lanço minha teia pelo passado, presente e futuro de um certo Anderson Silva.

Com vocês, as incríveis aventuras de Anderson Spider Silva!

Capítulo 1

A TEIA DO DESTINO LEVA A CURITIBA

Vivi os primeiros anos de minha infância num quarto de pensão na Barra Funda, em São Paulo. Minha mãe, Vera Lúcia da Silva, minha avó e eu dividíamos alguns poucos metros quadrados.

Ainda bebê, era acordado às 6h e deixado na creche às 7h. Ficava por lá até as 18h. Só então minha mãe me buscava. Era empregada doméstica. Às vezes, nos feriados, eu não tinha onde ficar e ia com ela para o trabalho. Mamãe se parecia comigo. Era magra, alta, esguia. Jamais deixou que faltasse qualquer coisa, apesar de abandonada muito cedo por meu pai. Eu era pequeno quando meus pais se separaram.

O tempo passou e mamãe começou a se relacionar com um homem que enfrentou problemas com a justiça. Eles tiveram dois filhos: George, meu irmão dois anos mais novo, e Jean, o caçula. Por parte de mãe, tenho ainda uma irmã, Aline, nascida anos mais tarde. Mamãe sempre procurou preservar a união da família. Infelizmente, meu padrasto passava mais tempo na prisão do que com a gente. Eu via coisas que me assustavam. Ele tratava mal minha mãe. Fui testemunha de duas ou três agressões. Em mim e em meus irmãos nunca tocou.

Daqueles dias, lembro em especial de um domingo. Bem de manhãzinha, assim que acordamos, mamãe avisou que íamos sair. A notícia animou a mim e a meu irmão Jean. Não perdemos tempo em vestir nossas roupas mais bonitas, aquelas poupadas para os passeios. Tenho a recordação viva de meu irmão usando uma touca. Eu também estava agasalhado, era um dia frio. Já vestidos, soubemos que visitaríamos meu padrasto. Fazia tempo que ele não aparecia em casa.

Meu irmão sentia sua falta. Para ele, o passeio era a oportunidade de matar a saudade. De minha parte, fiquei decepcionado. Ainda me lembrava de como ele tratava mamãe. Apesar dos pesares, um programa, para onde quer que fosse, era melhor do que passar todo o fim de semana num quarto.

Brinquei com meu irmão por todo o percurso do ônibus. Mamãe se mantinha séria. Ao desembarcar, percebi sua tensão. Ela não era a mesma de quando nos levava ao parque ou para visitar suas amigas e filhos, com quem passávamos algumas tardes. Após breve caminhada chegamos a nosso destino. Era um prédio enorme, feio, com um portão grande e malconservado. Havia muita gente na fila, centenas de outras pessoas, em sua maioria mulheres. Também me recordo de crianças em fila para entrar. Estava de mãos dadas com minha mãe, que ainda segurava meu irmão no colo. Por toda parte havia muitos policiais. Dezenas. Armados. Dava para ouvir o choro de alguns meninos e meninas.

– Mãe, que lugar é este? Onde estamos? – perguntei.

– Carandiru – respondeu.

Finalmente entramos. Apaguei da memória detalhes daquela visita que me fez tão mal. Prometi para mim mesmo que era um lugar para onde não retornaria jamais. Hoje, anos depois, reconheço que esse episódio ajudou a formar meu caráter. A tal ponto que fiz questão de passar para meus filhos e sobrinhos o que senti naquele domingo. Fiz isso numa tarde em que combinei de tomar um café com um amigo delegado. Levei as crianças à delegacia, mas elas não nos acompanharam ao bar. Formamos um círculo com algumas cadeiras e, sob o olhar cuidadoso dos carcereiros, deixamos que observassem os presos enquanto me afastava com meu amigo.

Quando voltei do bar, uns 15 ou 20 minutos depois, as crianças estavam chorando, assustadas com o que tinham visto. Era de cortar o coração, mas aprenderam uma lição valiosa.

– Sabem o que é isso? – perguntei sem esperar resposta. As lágrimas escorriam pelos rostos dos meninos – Isso é o que acontece com quem não obedece pai e mãe. Ou com quem tem a chance de ir para a escola e não quer estudar. Essas pessoas acabam aqui. É isso que vocês querem? – completei.

De novo, não houve resposta. Não precisava. Eu sabia que a mensagem estava entendida. Muita gente não vai concordar com minha atitude. Acredito que esse gesto, na prática, tenha valido mais do que qualquer sermão que pudesse dar. No meu caso, foi uma maneira de transformar algo negativo em positivo.

Voltamos para casa e a visita ao Carandiru continuava viva na minha mente de criança.

* * *

Meu pai se chamava Juarez da Silva. Era magro e alto como minha mãe e eu. Ele desconfiava que o ambiente familiar em que eu vivia era pesado, mas não tinha cabeça ou estrutura para assumir uma família ou cuidar de um filho. Minha avó também percebia que aquele não era o melhor lar para uma criança. Ela e minha mãe passaram a buscar uma solução. Um dia fui surpreendido por uma visita de minha tia-avó, Edith, que havia criado mamãe. Ela morava em Curitiba. Assim que a vi, corri em sua direção para beijá-la. Era minha madrinha e costumava ser muito carinhosa comigo.

Logo percebi que aquela não seria uma visita comum. Mamãe pediu que minha avó ficasse comigo e com meu irmão e saiu para conversar com minha tia. O assunto era eu. Passando por dificuldades financeiras, mamãe concordou que eu fosse morar com minha tia-avó. Assim teria uma vida melhor, pensava ela.

Ainda sem saber o que se passava, me despedi de minha avó e de minha mãe. Num primeiro momento, imaginei que passaria uns dias com tia Edith em Curitiba. Apesar do abraço mais apertado e das lágrimas de mamãe no meu rosto, não desconfiei que a viagem fosse sem volta.

É incrível que me lembre de tantos detalhes desse dia. Eu tinha apenas 4 anos. Embarcamos no ônibus. Observei minha tia acomodar as malas no bagageiro. Constatei que era muita coisa para alguns dias ou poucas semanas. Abracei tia Edith com força. Permaneci assim até adormecer.

A viagem foi longa e cansativa. Finalmente chegamos a Curitiba. A casa me pareceu enorme. Tão grande quanto uma propriedade no campo. Ficava no bairro da Barreirinha. Meu tio Benedito foi nos buscar na rodoviária. Ele era militar e havia criado três filhos – Sandra, Wilson e Elson, o mais velho, então com cerca de 20 anos. São meus primos, mas me refiro a eles como irmãos.

Minha chegada a Curitiba foi uma terapia para minha tia. Era uma mulher forte, mais enérgica que meu tio. Fisicamente, tinha aquele tipo Big Mama. Havia perdido dois filhos. Uma prima minha, Marili, morreu ao levar um coice de cavalo. Um outro primo, Édson, que seria o mais velho, morreu vítima de acidente num centro fabril onde trabalhava.

Meu tio passava quase o dia todo no quartel, muitas vezes a noite também. Quanto retornava, era por volta das 20h. À época era cabo, mas se aposentou como primeiro-sargento. Lembro dele sempre de farda. Nunca perdeu a imagem de comandante da família. Era uma pessoa sistemática. Para entrar em minha nova casa, era obrigado a tirar os sapatos e me referir a meus tios como "senhor" e "senhora". Não tinha esse negócio de "já vou..." quando me chamavam. Precisava pedir a "bênção". Na hora das refeições, os mais velhos sentavam primeiro. Não podia comer de boca aberta, os palavrões eram proibidos e TV só até as 20h. Ainda assim, alguns programas eram vetados. Novela era um deles.

Tio Benedito nunca nos bateu. Sua autoridade estava no olhar. Às vezes, quando eu fazia algo errado, achava que aquele olhar era pior do que uma palmada. Minha tia, sim, de vez em quando recorria a uns petelecos. Meus tios eram altos. Meus primos também. Naquela época, como era muito criança, todos pareciam gigantes.

A ficha demorou a cair em Curitiba. Ainda não estava claro que aquele seria meu novo lar, que não moraria mais com minha mãe e minha avó. Aos poucos, pequenos detalhes me fizeram perceber que as coisas não seriam mais as mesmas. Senti uma diferença de tratamento nos primeiros dias, até em atividades corriqueiras, como comer uma fruta. Quando pedi uma maçã a minha madrinha, ela me deu. Olhei para a fruta e para ela de novo:

– Quero comer maçã – protestei.

– Você já ganhou uma maçã – respondeu, firme.

– Quero do jeito que minha mãe "faz" – reclamei com impaciência.

Tentei "ensinar" à tia Edith que, ao me dar a maçã, minha mãe costumava cortar em duas partes, tirar as sementes e raspar o miolo com uma colher.

– Bom, a maçã está aí, lavadinha. Se não quiser assim, não vai comer – disse sem rodeios, pondo fim à discussão.

Foi o bastante para que eu abrisse o berreiro. Não entendia por que se recusava a fazer como eu pedia. Onde estava a madrinha que costumava mimar o sobrinho quando o visitava em São Paulo?

Chorava de saudade da minha mãe. Nas ocasiões em que fazia algo errado e meus primos vinham brigar comigo, eu me defendia: "Você não é meu pai, vou falar para meu pai..." E ouvia de meu primo: "Falar com teu pai!... Teu pai nem está aqui..."

Eu me sentia desprotegido. Na verdade, estava protegido o tempo todo, amado pelos meus tios, por meus primos. Mas era assim que me sentia nos primeiros tempos.

Meus tios conversavam comigo. Eles deixavam claro que meus pais estavam em São Paulo, que eu tinha ido para Curitiba por causa disso, por causa daquilo, enfim, para ter uma vida melhor. Explicavam que não ia faltar nada – nem comida, nem roupa, nada. Apenas me conscientizavam de que seria daquele jeito.

O processo de adaptação foi gradual. Por muito tempo comparei minha nova realidade com os passeios com minha mãe e minha avó em São Paulo. Quando pedíamos algo para comer e o prato chegava, eu dizia: "Não quero mais comer isso." Então vinha outra coisa, eu dava duas garfadas e soltava outro "não quero mais isso". Fui uma criança mimada por minha mãe e por minha avó, apesar das dificuldades financeiras. Em São Paulo, duas pessoas me atendiam quando eu gritava.

Minha tia tinha a "manha" para lidar com crianças, já havia criado meus três primos. Ela sabia como tirar os mimos de criança mal-educada. A melhor coisa que me aconteceu foi não ter tido todas as vontades atendidas. Não fosse isso, teria me tornado uma criança sem identidade, terrível.

O que faço hoje com meus filhos é inspirado no que aprendi com meus tios. Se explico que não dá para fazer alguma coisa, eles entendem. Na casa dos meus tios nada faltava. Mas não se esbanjava, era tudo muito controlado. Eu dispunha apenas de um par de tênis, que usava para ir à escola e sair. Em casa, precisava tirá-lo ao chegar, guardar e calçar chinelos. O primeiro brinquedo "caro" que ganhei foi um carrinho dos Comandos em Ação. Nem era de fricção, era aquele simples mesmo. Os Comandos eram famosos na época e eu entendia que era aquilo que meus tios podiam dar.

Às vezes ficava sozinho no meu mundo, com um pedaço de papel e alguns brinquedos. Só às vezes. Em geral, era uma criança hiperativa. Meus tios quebravam a cabeça para me fazer queimar toda aquela energia. Quando visitava meu pai, uma das brincadeiras era escalar um muro e subir numa laje para alcançar a caixa-d'água da casa. Um dia quebrei a tal da caixa. Para me frear um pouco, minha tia decidiu me matricular numa escola de dança perto de casa. Aos 13 anos, me tornei aluno de balé e sapateado. Ela não sonhava com uma carreira de bailarino para mim. A dança foi só o que encontrou para me manter ocupado.

– Não quero – reclamei, ao saber da notícia.

– Você vai! – ordenou minha tia.

Para ter certeza de que iria mesmo às aulas, ela me acompanhava até a porta da academia. Aconteceu por pouco tempo. Tia Edith logo percebeu que eu encarava a coisa numa boa. O problema é que esse tipo de notícia se espalha, e bem depressa a molecada na escola tomou conhecimento da "novidade". Passei a ouvir provocações como "E aí, vai pôr colantezinho? Isso é coisa de bichinha, sabia?". Não dava bola. Graças a Deus, sempre fui muito bem resolvido com essas coisas. Acabei saindo da escola de dança porque não levei a sério. Se tivesse levado, quem sabe não teria me tornado bailarino?

Por causa dessas aulas, quem melhor fazia cover de Michael Jackson nas festinhas era eu. Cheguei a montar um pequeno grupo de dança com meus amigos. Imitávamos as coreografias. A gente pedia a minha tia que costurasse as roupas para dançar. Todo mundo vestido igualzinho, meia branca, calça meia canela. O funk estava na moda. Não era esse funk que faz apologia de coisas erradas. Era o funk da Donna Summer, do próprio Michael Jackson. Meus primos escutavam esse tipo de som, Jackson Five, era um negócio mais dançado.

Foram muitas festinhas. A gente enchia uma mão de talco, outra de purpurina, dançava e jogava para cima. Foi um tempo bem gostoso, me diverti muito. Uma música de que gostava especialmente era "Billie Jean". Em minha carreira como lutador, ensaiei passos de dança, à Michael Jackson, pouco antes de subir ao ringue. Até hoje, quando participo de programas de auditório, pedem uma demonstração das coreografias. Não perdi a prática porque ainda danço, principalmente quando estou com meu filho Kalyl. Ele adora. Mesmo nos treinamentos, gosto de música.

Embora eu não reconhecesse na época, meus tios, a seu modo, também me cobriam de carinho. Eu dormia no quarto deles. Chegaram a providenciar um berço nos primeiros tempos. Por saberem da situação à qual fui exposto em São Paulo, meus tios e primos moldaram uma forma de me dar todo o amor e o carinho de que precisava.

À medida que eu crescia, meu tio me apresentava às outras regras da casa já aplicadas a meus primos. Ele dizia que homem tinha de acordar cedo, lá pelas 6h. Sempre estávamos de pé antes dele. Meu cotidiano era recheado de atividades para que não ficasse ocioso durante o dia. Ele sempre orientou os filhos a cuidar do lugar onde moravam. Eu acordava, fazia minha cama, capinava o jardim e deixava o quintal limpo. Tio Benedito era dono de uns terrenos no bairro. Montava casas pré-fabricadas e, com o tempo, de alvenaria. O material desmontado ficava guardado no porão de casa. Separávamos pregos em latinhas. Eles eram reutilizados mais tarde conforme seus tamanhos. Minha rotina diária era essa.

Mesmo com uma educação tão rígida, cometi deslizes. Não sou perfeito, nunca disse que era. Certa vez, decidi matar aula. Estudava à noite e, ao lado de alguns amigos, deixei a escola mais cedo. Era a segunda vez que fazia isso. Para nosso azar, fomos parados por policiais. Eles ordenaram que formássemos uma fila. Em meio àquela confusão, ouvi uma voz familiar. "Tudo resolvido", pensei. Era Elson, meu primo mais velho, militar como tio Benedito. Meu primo não percebeu de cara que era eu. Foi ele que veio me revistar. Assim, longe dos colegas, imaginei que seria mais fácil explicar o que acontecia. Estava certo de que ele nos liberaria. Esbocei um sorriso, olhei para ele. Para minha surpresa, meu primo me mandou encostar na parede.

– Você vai me dar uma geral? Sou eu, seu irmão – argumentei.

– Cala a boca, não tenho irmão vagabundo! Encosta aí e separa as pernas – ordenou.

Fiquei em choque. Estava sendo revistado por meu primo mais velho, com quem havia tomado o café da manhã no início do dia.

Os policiais logo nos liberaram. Não tive coragem de encarar meu primo. Já em casa, fui direto para o quarto. Não contei nada do que havia acontecido a meus tios. Não conseguia dormir. "Que azar", ruminava. "Com tanto lugar para fazer a ronda, ele tinha de estar perto da escola?" Um grito me jogou para fora da cama. Era meu tio. Quando cheguei à sala, lá estavam ele, de pijama, tia Edith e Elson, recém-chegado.

– Você não vê o duro que damos para que tenha um futuro melhor? Não percebe de onde veio? Quer jogar fora a oportunidade de estudar e ser alguém na vida? Por acaso não sabe que tudo o que fazemos é para seu bem? – perguntou tio Benedito.

Eu fitava o chão, cabeça baixa. Não havia resposta. Quando olhei para o lado, vi algo que jamais gostaria de ter visto. Minha tia observava a cena e chorava. Aquilo foi o que me deixou mais triste e arrependido. Não queria causar dor a quem tinha me acolhido dentro de casa e me devotava tanto amor e carinho. Com o tempo, ela se tornou minha confidente e melhor amiga. Aquele foi um momento difícil.

Nos anos que se seguiram, meus tios e primos, quando mais precisei, estiveram ao meu lado e compraram minhas brigas. Aquele núcleo familiar está comigo todos os dias ainda hoje. É engraçado pensar que ficava aborrecido quando me davam uma dura. Hoje, já adulto, ligo para dizer onde estou e o que tenho feito.

O amor daquela família unida não me impedia de sentir falta de meus pais. Certa vez, minha mãe foi a Curitiba me buscar. Estava acompanhada do marido.

– Você não vai tirar ele daqui – anunciou tia Edith.

– Ninguém vai levar ele daqui – reforçou tio Benedito, que sentiu alguma coisa estranha no companheiro da minha mãe.

Minha mãe não me tirou dali, mas aos 12 anos decidi morar com meu pai. Ou melhor, com meu pai, minha madrasta, Márcia, e minhas duas irmãs por parte de pai: Erika, então com 9 anos, e Fabiana, de 7 anos. (Mais tarde nasceu meu terceiro irmão por parte de pai, Cristian.) Vivi com eles por um ano. Foi naquele período de adolescente rebelde por que passam tantos jovens. Meu pai atribuía às dificuldades financeiras a decisão de me abandonar tempos atrás.

Até hoje recordo os primeiros presentes que meu pai me deu: uma bola de futebol e um par de luvas de boxe. Não fiz muito uso da bola, mas o João Bobo sofreu com as luvinhas de criança. Infelizmente, os presentes se perderam com o tempo e não os carrego mais comigo.

Um dia meus tios foram me visitar. Tia Edith percebeu que eu não estava bem.

– Quer ir embora? – perguntou ela sem cerimônia diante de meu pai e de sua mulher – Se quiser, arruma tuas coisas e vamos – completou.

Não pensei duas vezes. Saí da sala, juntei todos os brinquedos e fiz minha mala. Não me dava mal com meu pai, apenas não me sentia tão bem na casa dele como na casa da minha tia. Ele chegava tarde do emprego de contador, eu o via muito pouco. Também sentia falta de meus amigos e primos em Curitiba, da casa com aquele quintal enorme.

De alguma forma, meu pai e eu sempre estamos separados. É difícil explicar o porquê. Há ocasiões em que fico dias em São Paulo (onde ele mora). Quero falar com ele, mas acabo não telefonando. Por quê? Não sei ao certo. Nós nos dávamos bem, mas ao voltar para Curitiba perdi a vontade de viver com ele. Eu o visitava nas férias, nada mais.

Quando retornei para a casa dos meus tios, após um ano fora, meu quarto estava do jeito que eu havia deixado. Aquela casa era minha identidade, minha vida. Ainda hoje é assim. Todos os dias me fortaleço ao pensar no amor que recebi de meus tios e meus primos. Eles são minhas referências de união familiar.

Ana Carolina Fernandes / Folhapress

Capítulo 2

A DESCOBERTA DOS SUPERPODERES

As lutas são parte da minha vida desde pequeno. Meu primo do meio, Wilson, treinava boxe tailandês. Nunca me deixou assistir aos treinos, mas eu sabia que praticava o esporte. Alguns amigos faziam jiu-jítsu perto de casa, outros treinavam tae kwon do. Além disso, como muitos meninos, eu assistia aos filmes de luta, em especial os de Bruce Lee.

Lembro de um deles, em que um cara é colocado no interior de uma jaula pendurada em uma árvore. Vi umas cinco vezes. Também curtia o desenho animado de um lutador de boxe tailandês, o Sawamu.

Meu primeiro contato com as lutas veio com a capoeira. Era menino ainda, uns 8 anos. A escola oferecia aulas como parte de um projeto em conjunto com a prefeitura. Observei uma roda e decidi participar. O professor se chamava Leandro Frates. Foi meu primeiro mestre. Desde aquela época compreendi o respeito que há entre mestre e aluno nas artes marciais. Quem praticou algum tipo de luta sabe: o respeito é total, a relação é de muita confiança. Não há lugar para questionamentos: "não dá para fazer isso" ou "por que estou fazendo aquilo?".

Uns dois anos depois, o tae kwon do chamou minha atenção por causa dos chutes. Alguns amigos treinavam. Eu não tinha dinheiro para pagar a mensalidade. Conversei então com o dono da academia, o mestre coreano Kang, e combinamos que, se fosse aceito nos treinos, me incumbiria da limpeza da academia. Ele aceitou. Eu praticava com todo mundo. Fiz tae kwon do por cerca de cinco anos. Cheguei a participar de algumas competições, torneios regionais sem grande importância.

Eu era uma criança muito briguenta. Havia uma galera maior, do meu primo, e nós, os menores, nos metíamos sempre que possível no meio dos grandes. Para impressioná-los, pegávamos alguém para "cristo". Só para zoar. Eu era o mais magrinho, precisei conquistar minha posição no grupo. Os embates eram os habituais daquela idade, no máximo uns empurrões. Todo mundo briga com o amigo de vez em quando e eu não fui exceção, apesar de menor do que eles.

Minha primeira briga para valer foi no colégio, com um sujeito que atendia pelo apelido de "Derbi". Tinha lá seus 18, 19 anos. Provocava todo mundo. Ficava com a turma dele e dava um "pedala Robinho" ou um chute em quem fosse menor. Era folgado. A gente o chamava de Derbi Louco. Era um cara grande de quem todo mundo tinha medo. Inclusive eu, que na época tinha meus 15 anos. E o maluco sempre atrás de encrenca.

Um dia a gente estava brincando na rua quando Derbi Louco empurrou um amigo meu. Ele caiu, bateu a cabeça, se cortou. Todos ficaram com medo. Não sei o que me deu, fui tomar satisfações com o grandalhão:

– Pô, cara, por que isso? A gente não fez nada para você...

– Sai fora – disse ele, sem me dar bola.

Derbi me empurrou e eu caí também. Ele continuou lá, conversando.

– Vamos embora, deixa esse cara aí – aconselharam meus amigos.

Foi o que fizemos. No caminho para casa, meu amigo chorava, a cabeça aberta. E eu ali, orgulho ferido, remoendo o ocorrido. Finalmente, me decidi:

– Isso está errado! Vai acabar hoje! Vou lá brigar com esse cara – anunciei.

Ignorei os apelos dos meus amigos. Dei meia-volta e fui atrás do Derbi. A distância, vi que ainda se encontrava na esquina com sua turma.

– Cara, o que você fez está errado e nós vamos brigar – desafiei ao me aproximar da galera.

O que aconteceu a seguir me irritou ainda mais: ele e os amigos desataram a rir.

– Dô, para com isso. O cara é maior, vai te machucar – alertou um amigo do Derbi que conhecia meu irmão.

Eu estava determinado e não dei ouvidos ao conselho.

– Cara, a gente vai brigar – dizia sem parar e me aproximava devagar.

– Sai fora! – Derbi ordenou, como quem espanta cachorro vira-lata.

Nem dei tempo para que terminasse a frase. Desferi um soco bem no meio do seu rosto. Surpreso, ele deu um solavanco para trás. Derbi era o maior da turma dele e ninguém nunca o tinha enfrentado. Agora era desafiado por um garoto franzino, pequeno.

Seus amigos diziam para eu parar com aquilo, que ia me machucar. Quando minha turma viu o que estava acontecendo, voltou correndo e abriu uma roda gigantesca. Ficamos no meio, e a molecada fazendo coro: “Vai, vai, vai...” Eu já tinha dado o soco, na minha cabeça eu já tinha ganhado a briga. Mas não podia parar. Ele era mais forte, me agarraria e eu não teria o que fazer.

Tratei de pular na frente dele. Não parava de pular e me movimentar. Conforme os segundos corriam, percebi que Derbi não me achava nem me tocava. Fui chegando perto. Bem devagar, sem deixar que percebesse quão perto estava. Assim que tive oportunidade, desferi outro soco. O rosto dele ficou logo vermelho. Derbi tinha a pele clara, acho que era descendente de alemães. Por mais que tentasse, não me atingia.

Eu pulava e aplicava meus golpes. Só não tinha noção de que, ao desferir os socos enquanto me movimentava, nunca o acertaria a ponto de acabar com a briga. Sem uma base fixa, os golpes não saíam com tanta força. O “alemão” caminhava, andava na minha direção, procurava me cercar. Sem querer, acabamos no canto da rua, uma esquina onde havia a escada de uma padaria. Ele caminhava em minha direção e eu recuava, recuava. Não percebi a escada atrás de mim e caí.

Derbi veio louco para cima de mim, e eu sem noção de nada com o susto da queda. Só levantei o pé, coloquei na barriga dele e o empurrei. Ele se desequilibrou. Levantei e mandei um chute. Foi muito rápido, um míssil. Derbi caiu. Até eu fiquei surpreso. Não sabia que tinha aquela força toda, aquela habilidade. Eu treinava, mas sempre fui muito disciplinado na academia. Fiquei assustado com minha primeira briga “de verdade”. “Caramba, puta merda, briguei na rua”, repetia em pensamento.

A turma entrou para separar. Meu primo veio correndo de casa ao saber que eu brigava na rua. Foi apenas um susto. Derbi ficou de pé com o auxílio de seus amigos. Quanto a mim, ganhei moral na turma. "Caramba, não sabia que você podia fazer isso", diziam meus colegas, admirados.

No dia seguinte contei a meu professor de tae kwon do o que havia acontecido. Ele me passou uma lição, com aquele sotaque coreano que trago comigo até hoje.

– Anderson, você não deve brigar na rua. Brigar na rua é para fraco. Quando dá presente para você, e você não pega presente, com quem fica presente? – indagou o mestre.

– Com você – respondi.

– Provocação, mesma coisa. Briga na rua, mesma coisa. Não briga na rua, não deve brigar na rua – aconselhou meu professor.

Sabia que não devia fazer de novo, mas alguma confusão era inevitável na minha idade. Tinha muitos amigos e começava a sair para as baladas. Na minha turma sempre havia dois ou três que arrumavam encrenca a todo momento.

Meu tio nunca soube da briga com Derbi. Soube de outras, e eu ficava um mês sem sair de casa como castigo.

– Não criei filho para virar marginal. Se brigar na rua, boto dentro do canil com o cachorro – dizia.

Meus primos sempre alertavam que não podia brigar na rua. Por outro lado, achavam que não devia levar desaforo para casa. Briga, ensinavam eles, é o seguinte: se tomar o primeiro tapa, o primeiro soco, e vierem separar, acabou a briga. Apanhou, separou, vai embora, acabou.

Mesmo assim, tomei parte de muitas brigas. Uma delas foi

num clube da cidade. Havia por lá três ambientes diferentes – um para a galerinha do funk, outro para a turma do rock 'n' roll e um terceiro onde tocavam músicas lentas. Os roqueiros folgaram com a gente de cara. A princípio, não ligamos. Até que meu amigo Paulinho teve de passar por eles para chegar ao banheiro. Quando vimos, estava brigando com os roqueiros. Não íamos deixá-lo sozinho, apesar de serem maiores do que a gente. Parecia até aquelas brigas de saloon dos filmes de faroeste. Houve gente que saiu voando pela janela de vidro. Luciano, um de meus amigos daquela época (e a quem não encontro como gostaria hoje), se divertia. Ele chegava a pegar garrafas atrás do balcão do bar, jogava no meio da briga e depois voltava para continuar distribuindo socos e chutes. Aquilo levou mais de uma hora. O estrago foi tanto que o clube ficou fechado um mês para reforma.

Uma outra vez, Paulinho, sempre ele, arrumou confusão com o pessoal da rua de cima. Ele quis brigar com um cara da nossa escola. Eu e mais quatro amigos, Djalma, Rafael, Luciano e Lico, o acompanhamos. Ele e um garoto começaram a se xingar e nada de sair briga. Quando olhamos para trás, mais de 30 caras nos cercavam. Aí um falou que não podia brigar porque estava com a perna machucada, outro porque a mão estava doendo... Fomos nos afastando e os caras atrás da gente. Aproveitamos um momento de distração quando chegamos à esquina e saímos em disparada. Luciana, que namorava um amigo meu, Sandro, agarrou meu braço. Fingimos que estávamos juntos. Os 30 caras passaram pela gente atrás dos meus amigos. Achei que estava livre e de repente dei de cara com os "inimigos", frustrados por não terem alcançado os "fugitivos". Foi quando um dos 30 passou por mim e provavelmente pensou: "Espera aí, esse não estava com os outros moleques?" Não demorou um segundo para que me acertasse um chute na bunda.

Acabei chamando os 30 para brigar. Desferia socos para todos os lados. Quando me dei conta, seis estavam estirados na rua. Mas tudo tem um limite. Encostei-me na parede e fiquei esperando que viessem para cima. Ouvi então uma gritaria. Era a "cavalaria": meu tio, de pijama, minha tia, minha prima, meus primos, um deles de arma na mão dando tiros para o alto. Pou! Pou! Pou! A essa altura, meu primo tinha chamado duas viaturas, e logo os 30 valentões estavam todos deitados no meio da rua.

Houve outras brigas. Pode parecer incrível, mas nenhuma foi culpa minha. Sempre alguém iniciava a confusão.

* * *

No lugar onde pegava o ônibus de volta da escola para casa havia uma academia de boxe tailandês. Ficava do outro lado da rua, bem em frente ao ponto do ônibus. Eu passava ali todos os dias. Braços cruzados, olhava com atenção o que se passava lá dentro. Torcia para o ônibus demorar para que pudesse observar a movimentação na academia. Alguns amigos treinavam, meu primo também. Havia uma porta grande que dava para a rua. Era o que me permitia acompanhar os treinos. A postura do professor e o modo como comandava as aulas me chamavam a atenção. Seu nome: Edmar Cirilo dos Anjos. A maneira como ensinava os movimentos e se movimentava era totalmente diferente de tudo o que havia visto. "Quero fazer isso!", pensava comigo. Era um ritual, todo dia parava e observava.

Para minha surpresa, Edmar também havia se dado conta da minha presença. Um dia tomou a iniciativa.

– Você treina alguma coisa? – perguntou.

– Sim – respondi.

– O quê? – indagou.

– Tae kwon do. Meu irmão treina boxe tailandês – tentei impressionar.

– Aparece aí no treino! – convidou.

Bastou começar a treinar na academia para deixar de lado o tae kwon do. Um belo dia treinava apenas boxe tailandês. O tempo passou e logo arrisquei puxar alguns treinos, dar minhas aulas quando Edmar estava fora. Era um tipo de luta diferente do tae kwon do. No boxe tailandês tem aquela coisa de joelhada pulando, cotovelada, chute nas pernas, bloqueio dos chutes. Era diferente de tudo o que havia visto e me atraiu logo de cara.

Edmar teve uma grande influência na minha formação. Até hoje, alguns amigos falam que sou sua cópia – "sem tirar nem pôr". Minha postura, quando luto em pé, dando socos ou chutes, é igual à dele. Eu realmente tentei por muito tempo imitar aquele grande mestre. Ainda tenho muito dele, de seus movimentos, de sua postura, de sua técnica. Fui treinando cada vez com mais afinco meus socos, cotoveladas e chutes.

Para pagar a mensalidade da academia, arrumei meu primeiro emprego. Foi numa rede de lanchonetes local chamada Karina. Tinha uns 16 anos. Depois fui auxiliar de mecânico de kart, em que a atividade era mais intensa de quinta a domingo. Um dos pilotos era dono de uma empresa de telefonia celular e me ofereceu emprego de office boy. De segunda a quarta eu trabalhava das 8h às 17h. Seguia então para a academia e de lá para a escola. Na academia, treinava por uma hora e meia. Quando não havia muito a fazer na firma, antecipava a saída e treinava um pouco mais. De quinta a sexta, meu expediente era na oficina mecânica, entre 15h e 18h30. Aos sábados e domingos, pista de kart. No final das contas, trabalhava a semana inteira sem descanso.

A partir daí passei a fazer malabarismos com meu tempo. Minha alimentação ficou prejudicada. Às vezes passava um dia inteiro sem comer ou com uma refeição só. Meu corpo acabou se acostumando, mas uma rotina tão extenuante me influenciou negativamente na escola. Chegava esgotado. Dormia nas aulas de matemática e português, às vezes até durante as provas. Lembro que minha tia ficava zangada. Minhas notas se mantiveram, de qualquer forma, em torno de 6,0. Não era tão ruim.

O cansaço desaparecia na academia. Era como se tivesse acabado de acordar. Contava as horas para treinar, sempre gostei. Também curtia futebol, as peladas de rua com a turma. Era lateral esquerdo. Nas minhas brincadeiras, fingia que alguém me entrevistava. De vez em quando era um jogador de futebol e comentava: "A partida de hoje foi boa..." Eu pirava, aquela coisa de criança.

Minha tia não podia me levar aos testes dos clubes, sempre distantes de casa. Certa vez, enquanto visitava meu pai em São Paulo, soube de uma peneira no Corinthians. Ele me deixou num ponto onde passava o ônibus que ia até o Parque São Jorge. O trânsito estava pesado, cheguei 40 minutos atrasado. Pedi para me deixarem entrar. Não consegui. Sempre achei que, se me tornasse jogador, estaria na Seleção Brasileira. E fazendo muito gol.

De toda forma, a visita ao Corinthians rendeu. Enquanto assistia pela grade do campo ao teste dos outros meninos, percebi o pessoal do boxe se dirigir para a academia do clube. O treinador, Vitor Ribeiro, me convidou para ver. Fiquei lá sentado, assistindo. Enquanto isso, com os olhos, o professor me avaliava. Até que se aproximou.

– Você treina? – perguntou sem cerimônia.

– Treino outras lutas. Nunca treinei boxe – respondi.

– Pega suas coisas e vamos treinar! – emendou de bate-pronto.

– Só estou com minhas chuteiras aqui – avisei.

Seu Vitor foi até os fundos da academia, de onde surgiu com o material. Ficou me observando bater no saco de pancadas e realizar os exercícios (andar para trás, andar para a frente). Eram movimentos de escolinha. É fácil reparar numa coisa: os boxeadores não caminham como se estivessem na rua. Eles mantêm sempre a mesma perna à frente – esquerda, se forem destros; direita, se canhotos.

– Você leva jeito! – decretou.

Vitor Ribeiro foi responsável por uma mudança em meu estilo. Não sou canhoto, mas adotei essa postura como lutador, braço direito sempre à frente. É vantajoso porque há mais destros do que canhotos. Quando um destro enfrenta um canhoto, ele às vezes se complica por não estar acostumado. Há outra vantagem: meu jab, aquele golpe preparatório com o braço da frente, sai com muita potência. Na verdade, meu jab é desferido com a mesma força do meu direto de direita, um soco dos mais fortes no boxe. Anos depois, quando estreei no Ultimate Fighting Championship, os comentaristas se espantaram com o estrago que meu jab provocava.

Não foi exatamente como planejei, mas acabei defendendo o Corinthians. Fora de campo, no ringue. Aconteceu nos Jogos

Abertos do Interior, edição de Bragança Paulista, 1996. Na figura do "seu" Vitor, ganhei um técnico de boxe que trabalhou em uma disputa de título mundial (quando o galo Danilo Batista desafiou o mexicano Carlos Zarate, supercampeão em meados da década de 1970). Sempre que viajava para São Paulo, aproveitava para afiar meu boxe com ele.

Retornando a Curitiba, voltei a focar no boxe tailandês. Um dia, em meio a uma aula que eu estava dando, uns caras chegaram na academia. Foram logo perguntando pelo Edmar, queriam saber se ele estava.

– Não, só deve chegar mais tarde – respondi.

Não era o que queriam ouvir. Quebraram toda a academia. Também me agrediram. E foram atrás do Edmar. Quando ele chegou, contei o que acontecera e perguntei quem eram os caras.

– São da Chute Boxe – informou.

Era a segunda vez que ouvia aquele nome. Uma ocasião, logo que havia começado a treinar tae kwon do com o mestre Kang, uns alunos comentaram que ele havia sido atacado por um pessoal de outra academia, tradicionalíssima em Curitiba. Era a Chute Boxe. À época não dei importância, nem sabia quem eram os caras.

Não sei se Edmar os encontrou naquela noite. Ele me explicou que fez parte daquela academia por muito tempo. Foi o primeiro aluno a ter um título internacional. Depois foi prejudicado por essa equipe e por seu empresário. Eles não se conformaram quando resolveu deixá-los e montar sua academia. E, o pior, levando alguns alunos. Ou seja, não o perdoaram por ter se tornado concorrente.

Os ataques continuaram. O problema é que Edmar estava só. Éramos muito jovens, não havia um faixa preta à época, nenhum graduado para dar suporte, ir com ele peitá-los. Edmar foi embora para os Estados Unidos depois de bater muito de frente. Passou a academia para um aluno mais velho, Cláudio Dalledone Júnior, hoje um dos maiores advogados criminalistas do Brasil.

A turma da Chute Boxe voltou a criar problemas. A gente sofria todo tipo de represália. Os caras destruíam a academia, encontravam o Dalledone na rua e o chamavam para brigar, quebravam o carro dele. Ele também os enfrentou enquanto podia, mas era muito novo à época.

Edmar me contou mais tarde que, antes de ir para os Estados Unidos, havia deixado todos os diplomas de faixa preta assinados, inclusive o meu. Os caras da Chute Boxe pressionaram Dalledone, mandaram rasgar. A situação se tornou tão insuportável que ele não aguentou. Um dia reuniu os alunos e comunicou:

– Vou fechar a academia. Quem quiser que passe a treinar com o Fábio Noguchi.

Muitos colegas abandonaram o boxe tailandês. Mesmo chateado, passei a me dedicar a essa nova academia. Aos 18 anos, larguei tudo para dar aula. Permanecia na academia das 7h às 23h. Aprendi muita coisa – a ser mais didático, a conviver em grupo.

Sem dinheiro para a condução, frequentemente fazia a pé o percurso de casa até o centro da cidade. Foi como aluno do Noguchi que, em uma espécie de revanche pelo que haviam feito com Edmar, disputei duas lutas de boxe tailandês com um integrante da Chute Boxe: Pelé. Anos depois, ele ficaria conhecido no mundo das artes marciais pelos nocautes sobre os ex-campeões do UFC Pat Miletich e Matt Hughes. Fui roubado nas duas lutas. No meu íntimo, foi suficiente saber que dominei os dois encontros.

Passava mais tempo na academia com Noguchi do que com minha família. Aos poucos, nossa relação se tornou quase de pai e filho. Em dado momento, levei um amigo para treinar lá. Ele se chamava Fábio e trabalhava numa rede de lanchonetes de Curitiba. Era um cara inteligente, safo, sabia lidar com as coisas. Foi colocado pelo mestre para cuidar da recepção. Os alunos pagavam mensalidade, cada qual com sua carteirinha e ficha. Infelizmente, ele e outro rapaz, Marquinhos, aprenderam a falsificar a assinatura do Noguchi. Ambos recebiam o dinheiro das mensalidades, davam baixa, punham a assinatura do mestre (como se já estivessem pagas) e embolsavam tudo.

Noguchi descobriu que era roubado. Os moleques colocaram a culpa em mim. Naquele fim de semana eu estava longe, numa competição em São Paulo. O mestre não se deu conta de quanto era importante para mim. Ele não tinha o costume de me acompanhar nas competições fora de Curitiba, e por isso ficou mais fácil envenená-lo. Cheguei feliz da viagem. Fui direto para a academia, e a primeira coisa que fiz foi colocar o troféu na prateleira. Dei minha aula. Ao me deparar com Noguchi, notei que me tratava diferente. Achei que estava com algum problema. Pouco depois, uma amiga em comum, Lauana, com quem teria meu filho Gabriel anos depois, veio conversar comigo.

– Anderson, você alguma vez pegou alguma coisa do Noguchi? – indagou.

– Por que está me perguntando? – desconfiei.

– É o seguinte: Marquinhos e Fabinho foram pegos roubando, e os dois falaram que quem estava roubando era você – confidenciou.

– Como assim, se eu nem estava aqui? – disse, perplexo.

É difícil descrever a sensação de solidão. Até uma pessoa muito próxima, que anos depois viria a ser padrinho da minha filha mais velha, Audrin Batavinho, comentou: "A ocasião faz o ladrão." Há pouco tempo disse para ele: "Daquela vez você não ficou do meu lado." Ainda falo com ele. Sou assim, não guardo mágoa.

No calor dos acontecimentos, foram três noites em claro. A educação que recebi me incutiu valores como integridade, honestidade, respeito ao próximo. Nunca peguei nada de ninguém. Nem uma agulha. Sempre tratei todo mundo bem, sou brincalhão, disposto a ajudar meus amigos, principalmente na academia.

Noguchi costumava me levar para casa no seu Escort vermelho de capota conversível preta. Esperei três dias para que falasse alguma coisa. Nada. No quarto dia, quando estacionou em frente de casa, aproveitei a oportunidade para abordar o assunto.

– Mestre, estou sempre com você. Nunca vou te abandonar. Estamos juntos. Você acha que algum dia eu pegaria dinheiro seu? Você me dá dinheiro para comer. Acha que faria isso com você? – desabafei.

– Não sei – respondeu.

– Está bem, mestre – disse, enquanto deixava o carro ainda em choque com a resposta inesperada.

O presidente da federação à época, ou melhor, o autointitulado presidente da federação, Rudimar Fedrigo, dono da Chute Boxe, disse que eu poderia ser expulso do boxe tailandês. Falou que, se aquilo tivesse acontecido, eu não poderia treinar boxe tailandês em lugar nenhum de Curitiba. No fim, nada foi apurado.

Ainda prossegui com minhas aulas por um tempo. Finalmente,

devolvi as chaves da academia para Noguchi, agradeci e segui meu caminho. Apenas muitos anos depois voltei lá. Ele descobriu que eu não tinha feito nada, que os caras tinham pegado o dinheiro.

Pensava comigo que eu era faixa preta dele. É um vínculo que se cria com uma pessoa pelo resto da vida. Formar um faixa preta é como se o aluno fosse um filho. Ele é parte do mestre. Tudo o que um aluno passou em sua vida como atleta, lutador de arte marcial, foi transmitido por alguém – o conhecimento de vida, a filosofia, tudo mesmo. Aquilo me deixou arrasado.

Apesar dos pesares, agradeço o que Noguchi fez por mim. Parte do que me tornei hoje, devo a ele. Aquele foi um episódio ruim da nossa história, procuro encarar assim. Da última vez que estivemos juntos, em Curitiba, comentei: "Aquele dia, mestre, aconteceu isso, isso e isso, fiquei chateado. Você nunca podia ter desconfiado de mim." Ele chorou, mas eu precisava voltar ao assunto.

Naquelas noites maldormidas, com a cabeça no travesseiro, olhando para o teto, comecei a entender que a vida às vezes desfere golpes que pegam o cara de guarda baixa. Muito em breve eu receberia outros.

Eduardo Monteiro / Abril Imagem

Capítulo 3

A VIDA GOLPEIA ABAIXO DA CINTURA

Por conta da proximidade de nossas famílias, conheci uma menina chamada Dayane. Quando começamos a namorar eu ainda era professor na academia do Noguchi. Frequentávamos a casa um do outro. Um primo de segundo grau era casado com uma de suas irmãs. Até então a via como alguém próximo da família. Eu era dois anos mais velho. Não havia percebido como aquela menina alta era bonita. Por sermos amigos, eu tinha medo de ouvir um "não" e comprometer o relacionamento.

Afinal tomei coragem numa festa em um clube. Enquanto dançávamos, tentei roubar um beijo. Não consegui. Prevaleceu a amizade, mas foi naquele momento que nasceu nossa relação. Apesar de namorar outra menina na época, eu encontrava Dayane com frequência. Ela estava sempre na nossa casa, ou eu na casa da sua família. Seu jeito sempre muito quieto me chamava a atenção. Aos poucos me senti mais e mais atraído.

Até que houve uma festa lá em casa – crianças e adolescentes de um lado, adultos do outro. Numa brincadeira, nos beijamos. Percebi que gostava de Dayane. Fui falar com minha prima, maior confidente que tenho. Contei o que sentia e ela me alertou: "Cuidado, Dô, isso não é brincadeira."

Tinha 17 anos quando começamos a namorar. Quando completamos dois anos de namoro, percebi que Dayane chorava a caminho de casa. Quis saber o que estava acontecendo:

– Por que está chorando?

– Porque estou grávida!

– Sério? E o que você quer fazer?

– Não sei. Você vai querer ficar comigo? Criar nosso filho?

– Cara, estou achando o máximo!

Pode parecer estranho, mas sem ter confirmado se era menino ou menina, conversando com ela ainda na barriga da minha mulher, já chamava minha filha de Kaory. Queria homenagear a avó de um aluno que se tornou grande amigo, Jean Otigawa, descendente de japoneses. Seu pai era presidente de uma empresa que produzia embalagens plásticas em Curitiba. Hoje Jean mora no Japão. Quando ia para a casa dele, seus familiares me tratavam como se fosse da família.

Até os pais de Dayane saberem da gravidez foi um verdadeiro telefone sem fio. Ela contou que estava grávida para minha irmã, que por sua vez falou para a irmã dela, que contou para a própria mãe e para minha tia, que, por fim, me chamou para uma conversa. Ela cobrou responsabilidade e, como parte de sua natureza generosa, me reconfortou. Prometeu que me ajudaria. A decisão, de qualquer modo, já estava tomada.

– Vou assumir meu filho – anunciei.

Ficamos noivos, apesar de Dayane continuar morando com os pais. Foi um período em que eu não estava bem, sem grana.

É aquela fase pela qual todo mundo que não nasceu em berço de ouro já passou. Não esqueço das vezes em que voltava da academia, ia ver Dayane e minha filha e dava de cara com o pai dela expulsando as duas. É uma coisa que não me sai da cabeça até hoje. Quando digo isso, as pessoas falam que guardo mágoa. Neste caso é diferente. Não há como esquecer.

Um dia meu primo Elson nos convidou para morar com ele. Tirou as crianças do quarto e deixou que eu, Dayane e Kaory ficássemos lá. Tempos depois nos instalamos na casa da minha tia, no quarto onde cresci. A essa altura, já tinha saído do Noguchi e precisava de dinheiro. Meu primo, preocupado com minha situação, pegou as economias que tinha e abriu uma academia de muay thai, a ThaiKick, para eu dar aulas.

O dinheiro servia para pagar o aluguel de um salão no nosso bairro, mas a academia não tinha equipamentos, nada. Havia uns 12 alunos, que pagavam, à época, o equivalente a R$ 30 de mensalidade. O valor era insuficiente para cobrir o aluguel de cerca de R$ 600, fora as despesas com água e luz. Tentei me manter, mas percebi depressa que não daria certo. Fechamos a academia.

A situação melhorou aos poucos, e sempre com a ajuda da minha família. Minha tia e a ex-mulher do Elson, Araína, juntaram um dinheiro e compraram uma casa pré-fabricada. Foi instalada nos fundos da casa da minha bisavó, já falecida. Era de madeira, muito simples, nem banheiro tinha. Só cozinha e um quarto onde mal havia espaço para nossa cama e o bercinho da Kaory. O "armário" era improvisado: empilhamos tijolos e colocamos entre eles tábuas de madeira que usávamos como prateleiras.

Para oferecer algum conforto à minha família, arrumei empregos que nada tinham a ver com luta. Um deles foi no McDonald's de um shopping, um dos primeiros de Curitiba. Eu tinha cerca de 21 anos.

Num domingo, estava na caixa, fila imensa, loja lotada. Chegou um senhor, com cerca de 50 anos, cabelos grisalhos, pele clara.

– Tem alguém para me atender? – perguntou.

– Estou aqui para atender o senhor – informei.

– Não quero ser atendido por um negro – anunciou em tom ríspido.

Na hora, congelei. Os clientes da fila ao lado olharam com reprovação. Algumas senhoras balançaram a cabeça. Nem tive tempo de sentir raiva ou vergonha. Por uma fração de segundo, uma eternidade para mim, procurei o que falar para ele. Era o tipo de situação que não constava do nosso manual de treinamento. De repente me veio uma luz.

– Espere só um pouquinho que vou chamar o gerente para resolver seu problema – respondi, e saí rápido.

Percorri o corredor que dava para o escritório da gerência, abri a porta de vidro e me dirigi ao gerente:

– Juliano, posso falar com você um instante?

– Aconteceu alguma coisa? Tudo bem lá na frente?

– Tem um senhor que não quer ser atendido por mim.

Não consegui repetir o que ele havia dito. Juliano ficou sem entender nada.

– Como assim?

– Pô, Juliano, vai lá, cara! Está bombando, vamos atrasar um monte de coisas porque o tiozão está lá.

Quando voltamos, ele ainda estava na minha caixa. As filas aumentavam e meus colegas trabalhavam em dobro para compensar minha ausência.

– Pois não, qual o problema? – perguntou Juliano.

– Não quero ser atendido por um negro.

– Olha só, se o senhor não for atendido por ele, o senhor não vai ser atendido por mais ninguém nesta loja.

– Isso é um absurdo, não quero ser atendido por um negro – repetiu ele, antes de deixar a loja, indignado, com cara de poucos amigos.

Juliano fechou a caixa e, constrangido, me chamou ao escritório:

– Anderson, quer ir para casa? Você está bem?

Estava mal, mas insisti em prosseguir com meu trabalho.

– Abre minha caixa, por favor.

– Vou tirar você do balcão e colocar na produção. Não quero que fique mais na caixa hoje – orientou.

– Se você fizer isso comigo, vai me prejudicar.

– Quer mesmo voltar para a caixa?

– Claro – insisti.

Finalmente voltei e terminei meu trabalho.

Minha tia me preparou, desde a infância, para um momento como esse. Quando era criança, um ou outro coleguinha volta e meia se dirigia a mim pejorativamente como "seu preto". Eu chegava em casa e dizia: "Tia, não sou preto." Ela me explicava que, de fato, não era "preto".

– Você não é "preto". É negro. E não deve sentir vergonha, mas sim orgulho. Ser negro não quer dizer que você é pior ou melhor do que ninguém. Você é negro e as pessoas têm que te respeitar, independentemente de ser rico ou pobre, branco ou negro.

A questão sempre ficou muito clara dentro da minha casa.

O McDonald's promoveu algumas reuniões para discutir o que havia acontecido. Eram conduzidas por uma gerente-geral, Ester. Ela também se preocupou. As pessoas tinham um carinho muito grande por mim ali. Devo muito a eles. Os cinco anos que passei lá foram um tempo bacana. Aprendi bastante.

Aquele não foi o único episódio em que fui vítima de racismo. Aconteceu também depois de um passeio no shopping com dois amigos. Chegamos ao ponto de ônibus e uma viatura estacionou. Alguns policiais desceram e pediram que a gente encostasse. Iniciaram a revista, fizeram perguntas e liberaram meus amigos brancos. A mim, deixaram encostado.

– Onde você estava? – perguntou um dos três policiais.

– No shopping – expliquei.

– O que estava fazendo? – prosseguiu.

– Fui fazer um lanche com meus amigos – disse.

– Você tem dinheiro para ir ao shopping, seu neguinho? O que faz da vida? – disparou o policial.

– Trabalho, estudo – eu disse.

– Mora onde? Tem documento? – questionou.

– Tenho – respondi, mostrando meus documentos.

O policial atirou tudo no chão e mandou juntar. Ao me abaixar, levei um peteleco na cabeça.

– Não sou vagabundo nem marginal. Sou de família – protestei.

– Cala a boca – ordenou, irritado.

"Vou ficar quieto", pensei. Uma coisa que a gente sempre aprendeu em casa, por meu tio ser militar e meus primos policiais, é que nunca se deve responder a um policial. É importante deixá-lo fazer seu serviço e ser respeitoso.

Quando fui pegar meus documentos, o policial deu um soco no meu estômago. A dor foi grande, e tive de segurar o choro. Sem conseguir respirar, me abaixei. Não estava entendendo. Algumas pessoas no ponto me conheciam, sabiam onde morava, quem era minha família. Elas ficaram indignadas. Meus amigos perguntavam: "O que é isso? Por que está fazendo isso com o cara? Ele estava com a gente."

– Pega os documentos, junta aí! – gritou um dos policiais.

Juntei os documentos, coloquei no bolso, entrei no ônibus e fui embora para casa. Durante o trajeto, me senti envergonhado. Permaneci calado o tempo todo. Meus amigos se mostravam indignados. Contive o choro. Sou um cara muito privilegiado. A filosofia do ensinamento marcial e a educação que tive em casa me proporcionaram um estado de espírito capaz de controlar a emoção.

Também sou levado a concluir, quando lembro de episódios de agressão ou insultos que sofri no passado, que minha natureza é de paz. Apesar de praticante de artes marciais, meu impulso foi quase sempre o de me controlar e evitar o revide à medida que os anos passavam.

O ônibus chegou ao nosso bairro. Em vez de entrar, sentei na escada da área de serviço que existe até hoje na casa de minha tia. Procurava entender o porquê daquilo e de outras coisas que aconteceram em minha vida até aquele momento. Os minutos se transformaram em horas. Lembro de ter pensado: "Como precisava do meu pai e da minha mãe agora!" Passou, entrei, tomei meu banho, pedi a bênção de minha tia, de meu tio e fui dormir. No outro dia minha vida continuou. Aquilo era passado.

No tempo das vacas magras também fazia bicos como segurança. Houve uma vez em que eu e um amigo, Marcílio, nos juntamos para montar uma empresa de vigilância. Um aluno meu, Gegê, era dono da loja Psico Street, famosa em Curitiba. Vendia skates, roupas para quem pratica esportes radicais, esse tipo de produto. Todo final de ano ele nos chamava para trabalhar. Pagava comissão por peça vendida. Eu reduzia meu horário na academia, me dedicava às vendas na loja e levantava uma grana a mais.

Ele também promovia uma festa rave, e um dia perguntou se a gente conhecia alguém para fazer a segurança. Começou como uma brincadeira, mas eu disse que conseguiria uns caras. Meu amigo Marcílio levou a sério e decidiu pesquisar o preço do aluguel dos walkie-talkies. Concluímos que dava para montar a empresa.

Tínhamos duas missões: cuidar da festa e do estacionamento. Por crescer numa casa repleta de militares, tinha na cabeça a logística de como cuidar da segurança das pessoas na festa. Coloquei uns dois meninos monitorando Gegê o tempo todo a distância. Orientei-os para que não ficassem em cima dele, mas que não desgrudassem o olho. Um desses meninos viu quando ele deixou cair um maço de dinheiro. Ele pegou o maço, passou para mim e o devolvi para o Gegê, que me agradeceu muito.

Enquanto isso, Marcílio cuidava do estacionamento, controlava quantos carros haviam entrado, recebia dos motoristas. No fim da noite, entregou o dinheiro ao Gegê. Alguns motoristas pediam para sair, mas avisavam que voltariam à festa. A solução para não cobrar a taxa de estacionamento duas vezes foi isolar suas vagas e anotar as placas dos carros. Assim, quando retornavam, não entravam na contagem do número de veículos. Só que Gegê havia colocado uma pessoa de sua confiança para realizar uma fiscalização paralela e ela não desconsiderou quem voltava. O amigo do

Gegê passou sua própria contagem para nosso contratante. Ele ligou para o Marcílio, que me chamou:

– Anderson, o Gegê está chamando a gente de ladrão.

Fiquei indignado. Pela segunda vez minha honestidade era colocada à prova. Fomos conversar com ele.

– Vocês são ladrões de galinha! Vocês me roubaram! – acusou Gegê.

– Ninguém te roubou, aqui está o teu dinheiro! A gente não precisa disso – respondeu Marcílio.

Foi minha vez de me defender:

– Porra, Gegê! Sou teu amigo, sou honesto, cara. Não preciso te roubar. Acha que ia me queimar com você por causa de mil reais, dois mil reais? Você está de sacanagem.

Ele deu de ombros. Eu e Marcílio nos olhamos.

Não pegamos o dinheiro do pagamento. O plano original era cobrar R$ 100 por segurança contratado e ficar com R$ 20 de cada. Fizemos questão de receber apenas o pagamento dos seguranças e ficamos no prejuízo. Pegamos dinheiro do próprio bolso, no meu caso o que recebia na academia, para saldar o aluguel dos walkie-talkies.

Passou-se um tempo e, não muito depois, esperava o ônibus quando ouvi uns rapazes no ponto. Eles tinham achado uma pasta em um estacionamento.

– Olha só o talão de cheques, cartão... Carlos Ciuiteti Júnior – disseram, e eu reconheci de cara o nome completo do Gegê.

Pela conversa, percebi que eles tinham encontrado uma pasta perdida pelo meu ex-aluno, contratante e acusador.

– Conheço esse cara – interrompi.

– Você tá dizendo que conhece o cara?

– É o dono da Psico Street. Conheço o cara, trabalho com ele. Devolve isso, por favor.

– Não vamos devolver.

– Preciso devolver para o cara, ele é meu amigo.

– Teu amigo o quê!

Até que um deles notou que o cheque tinha a logomarca da Psico Street.

– Peraí, ele tá falando a verdade. Você conhece mesmo o cara?

– Conheço.

– Então toma – disse, me entregando a pasta.

Guardei tudo direitinho. Como não falava com Gegê desde a festa rave, liguei para Serjão, gerente da loja e meu amigo. Perguntei se Gegê havia perdido algo. Serjão disse apenas que ele estava "louco", tinha dado uma bronca em todo mundo e reclamado que a loja não estava vendendo nada. Expliquei o que tinha acabado de acontecer. Pedi que ligasse para o Gegê. Ele confirmou que havia perdido a pasta no estacionamento, na saída de uma de suas lojas. À noite passou na academia.

– Gegê, estou te entregando isso para provar que sou teu amigo, que sou honesto. Se tivesse que brigar com aqueles caras para pegar os teus documentos de volta, eu ia fazer, porque sou teu amigo.

Ele agradeceu, mas nunca mais nos falamos. Já campeão do UFC, encontrei um DJ, amigo comum. Ele disse que Gegê havia perguntado por mim, brincou que eu havia ficado rico, famoso e nunca mais o procurei.

Naquela época era comum que eu, minha mulher e minha filha estivéssemos em casa sem dinheiro nenhum. Kaory chorava de fome, e a gente não tinha o que dar a ela para comer. No dia seguinte eu acordava e pensava: "Meu Deus, e agora? Preciso fazer alguma coisa." Sempre quis trabalhar para conquistar coisas. Mas era muito jovem, e Dayane, uma criança. Entre as irmãs, ela era a mais nova, o nenê da casa dos pais.

Mesmo no período em que dava aula, no meio do mês a grana já tinha acabado. Saía de casa e passava dias inteiros pensando em como fazer para atravessar o mês. Pedia dinheiro emprestado a minha tia. Falava que era para a condução. Na verdade, a grana era para comprar leite ou remédio para Kaory ou alguma outra coisa que estivesse faltando em casa. Sem que minha tia soubesse, ia a pé dar aula. Na academia, ficava o dia inteiro preocupado com o que faria à noite sem dinheiro. Eu me focava na academia, em dar aulas cada vez melhores, aprimorar a didática para ter cada vez mais alunos.

Eu me esforçava para que nada faltasse em casa, mas às vezes era impossível. Ao conversar com um amigo de infância, José Carlos, o Cal, surgiu a oportunidade de dar aulas na academia do mestre Sergipe. Ele ensinava capoeira no andar de baixo. No de cima, Cal, seu aluno graduado de capoeira, dava aula de boxe tailandês. Ele me propôs que eu inteirasse o aluguel e assumisse os horários vagos enquanto ele trabalhava. Decidi tentar, não tinha nada a perder. Fui dando minhas aulas, o tempo foi passando e eu e Cal viramos irmãos. A gente andava junto para cima e para baixo.

Foi um momento feliz, apesar de todas as dificuldades. Éramos 12, às vezes 20. Dividíamos dois isotônicos e estava tudo bem. O tatame ficava num sótão onde não havia ventilador, nada. A gente treinava no verão no maior calor e no inverno no maior frio, e todo mundo junto, um ajudando o outro. Foi nessa época que conheci

Dandan. Ele treinava comigo e com o Cal. Nosso relacionamento é de pai e filho, amigo e irmão. Passamos muitas coisas juntos.

Lembro de um sábado, quando estávamos só nós dois na academia do mestre Sergipe. O treino começou devagar e foi apertando aos poucos. Dandan tentava me acertar, e eu a ele. Pelo tempo que está comigo, Dandan enxerga em mim erros que os outros não percebem. Nosso treino se torna duro e produtivo por ele saber como eu penso, como vou agir.

Demos um golpe um no outro ao mesmo tempo. Cortei o queixo dele e ele abriu meu supercílio. Paramos, nos olhamos e começamos a rir. Disse a ele que estava "quase perfeito", pois sempre cobrei muito do Dandan. A namorada dele viu aquilo, mas não disse nada, sabia que era o que amávamos fazer: o treinamento, a luta. Fomos rindo por todo o caminho até o hospital. O médico, ao nos atender, olhou estranho e, finalmente, perguntou:

– O que estavam fazendo?

– Estávamos treinando – respondi.

– E os dois se machucaram?

Fiz que sim com a cabeça.

– Pelo jeito vocês são bons, porque um conseguiu acertar o outro – concluiu o doutor.

Até hoje estamos sempre juntos. A gente costuma falar que, quando acabar tudo isso, independentemente do que acontecer, a única coisa que vai ficar é a nossa amizade. O resto vai acabar, todas as pessoas que estão à nossa volta vão desaparecer, como em um passe de mágica, assim como apareceram também em um passe de mágica. Houve época em que tínhamos de dividir um refrigerante e um sanduíche.

O tempo passou e Dayane ficou grávida de nossa segunda filha. Apesar da situação, estava feliz. Já tínhamos escolhido um nome para ela, Keiry. Assim como fazia com Kaory, quando voltava da academia apoiava minha cabeça na barriga da Dayane e conversava com ela. Para neutralizar um possível ciúme, conscientizávamos Kaory de que logo ela teria uma irmãzinha, uma criança na casa para brincar com ela.

Um dia fui chamado às pressas. Dayane havia entrado em trabalho de parto. Keiry nasceu prematura. Aos seis meses, alguns de seus órgãos ainda não estavam completamente formados. Foi direto para a incubadora. Eu, minha tia e minha prima acompanhávamos sua respiração. Era fraquinha, quase um suspiro. A muito custo nos convenceram a ir para a sala de espera do hospital.

Quatro horas mais tarde, uma médica informou que minha filha não havia resistido. Enquanto a doutora explicava por que Keiry não sobrevivera, eles a retiraram da incubadora e trouxeram até mim. Ela estava em uma caminha de bebê, eu a tirei, peguei no colo. Todos nós chorávamos enquanto me passavam os procedimentos burocráticos. Então me levaram para um tipo de câmara frigorífica, onde guardavam os corpos das pessoas.

– Eles querem colocar minha filhinha neste freezer?

Não entendia como tinha sido possível. Apenas algumas horas antes seus bracinhos e perninhas se movimentavam, e agora, isso. Não sabia o que fazer, mas precisava dar a notícia a Dayane. Ela só tinha visto a Keiry no parto, depois foram separadas.

Fiquei remoendo aquilo por muito tempo, anos a fio. Se minha condição financeira fosse um pouco melhor, eu poderia ter feito alguma coisa? Queria proteger minha filha, mas não pude fazer nada. Era uma sensação de total impotência. Não desejava aquilo de novo para mim ou para minha família. Depois daquele dia, muita coisa na minha vida começou a tomar outro rumo.

Em casa passávamos por um período conturbado. Discutia com Dayane. Eu não aceitava minha vida como era. Achava que merecia mais. Queria mais. Especialmente depois do que aconteceu com Keiry. Só que não sentia a mesma vontade na minha mulher. Achava que era acomodada. Éramos muito novos e passamos a brigar. Eu estava muito mal comigo mesmo, revoltado até. A morte da minha filha foi o momento mais doloroso da minha vida. Não há o que se compare.

Apesar de todas as discussões, Dayane ficou grávida de Kalyl. Assim como Keiry, ele nasceu prematuro. Foi levado para a incubadora e, mesmo com dificuldade para respirar, foi liberado para deixar o hospital.

Minha casa ainda tinha apenas um quarto e uma cozinha, mas agora dispunha de banheiro. Kaory dormia na cama com a gente; Kalyl, no berço. Eu me preocupava porque não tinha dinheiro suficiente para colocá-lo em um hospital particular. Muitas vezes, me pegava pensando: "Vou perder mais um filho, isso não pode acontecer."

Houve uma ocasião em que ele apagou no colo da Dayane. Estávamos no setor de pediatria de um hospital que ficava no centro da cidade. Minha mulher ficou nervosa e o passou para o colo da minha tia já aos prantos. Tia Edith sacudiu Kalyl, que voltou a respirar. Estava chovendo, lembro bem disso. Chovia muito e mesmo assim arranquei Kalyl do colo da minha tia, saí pela porta como louco e o levei para o setor de emergência do hospital. A distância do setor onde estávamos era como de uma ponta a outra de um quarteirão. Quando o médico finalmente apareceu, coloquei meu filho no colo dele e implorei:

– Por favor, salve meu filho! Ele está morrendo!

Kalyl foi levado para tomar oxigênio. Ficou internado por um mês e pouco, até seus órgãos estarem totalmente formados. Graças a Deus, sobreviveu. Não o levamos logo para casa. Preferimos ficar com ele no hospital para que tomasse mais corpo. Até hoje é o mais franzino dos meus filhos. Franzino por um lado, muito forte por outro. Kalyl lutou pela vida como um guerreiro. E venceu.

Tudo isso fortaleceu a ligação com nossos filhos. A gente tem um cuidado muito grande com Kaory e Kalyl, assim como também com Gabriel, Kauana e João, meus outros filhos.

Bastou que Kalyl retornasse para casa e estivesse fora de perigo para que as discussões recomeçassem.

– Porra, você não se agiliza, não quer as paradas – eu reclamava, indignado.

À época me incomodava que a gente não conversasse sobre o futuro, sobre como poderíamos fazer para ter uma vida melhor. Kaory estava com 3 anos e Kalyl com 1 ano quando decidimos nos separar. Dayane foi morar com meus filhos na casa da mãe. Voltei a viver com minha tia. Visitava as crianças nos fins de semana. Quando ia embora, lembro que Kalyl e Kaory choravam muito. Aquilo me deixava péssimo. É outra lembrança dolorosa do passado.

Arquivo pessoal

Capítulo 4

ALGUÉM LÁ EM CIMA GOSTA DE MIM

Além do muay thai, me interessei pelo jiu-jítsu. Só não frequentava aulas porque não tinha como pagar. Comecei a praticar na casa de amigos, com quimono emprestado. Por intermédio desses amigos, passei a treinar em Paranaguá, município próximo a Curitiba. Meu primeiro mestre de jiu-jítsu foi Almir Ramos, da Glenda Jiu-Jítsu.

Cal foi dar aula na Physical Center, academia conceituada de Curitiba. Não era um espaço de luta, mas de ginástica e musculação para condicionamento físico, dirigido a um público de elevado poder aquisitivo. Surgiu uma oportunidade para mim lá. A direção perguntou se Cal conhecia alguém para dar aula de jiu-jítsu. A onda do MMA estava apenas no início. À época, ainda era conhecido como vale-tudo. O convite era para substituir o professor Penão, formado por Carlson Gracie, filho mais velho de Carlos, criador do estilo que ficou conhecido como Gracie Jiu-Jítsu (ou Brazilian Jiu-Jitsu). Além do Penão, Carlson formou Murilo Bustamante, Zé Mário Sperry, Wallid Ismail, entre outros grandes atletas. A responsabilidade era imensa. O problema com Penão era que ele faltava muito, e o dono da academia queria um professor que estivesse sempre presente. Havia apenas uma dificuldade:

– Não sou faixa preta, não posso dar aula – recusei, lisonjeado mas triste.

Insatisfeito com Penão, o dono da Physical Center o mandou embora, fechou o horário da tarde e manteve aberto o da manhã, às 7h, com apenas um aluno. Novamente por meio de Cal, renovou o convite para que eu assumisse as aulas de jiu-jítsu. Fiquei de pensar.

Depois do que aconteceu com Keiry, refleti e decidi conversar com o mestre Almir. Ele me autorizou a ministrar aulas de jiu-jítsu mediante algumas condições. Duas vezes por semana um aluno graduado iria a Curitiba supervisionar minhas aulas. Mensalmente, o próprio Almir acompanharia o aproveitamento dos alunos. Eu não poderia colocá-los para lutar nem lutar com eles. Expliquei as condições ao dono da academia. Ele concordou. Por três meses, dei aula para apenas um aluno. Minha graduação aconteceu aos poucos.

Um dia, estava na loja do Madson, meu preparador físico por um tempo, quando encontrei Rafael Cordeiro, professor da Chute Boxe:

– Aparece lá na academia para treinar...

Sempre fui de academias rivais. Também conservava a ideia de que à frente da Chute Boxe havia alguém que eu considerava do mal, Rudimar Fedrigo, que havia prejudicado Edmar e Dalledone. Por outro lado, uma parte de mim era fã daquela academia. Treinei lá, dei algumas aulas de boxe tailandês, mas logo perdi o interesse e não fui mais.

Não deixei de dar minhas aulas na Physical. Já tinha muitos alunos de jiu-jítsu, alguns dos quais participavam de torneios.

Ensinava algumas técnicas de chão, de como derrubar. A princípio, a Physical não era academia para formar "lutadores de verdade". Ainda assim, meus meninos começaram a participar de torneios de jiu-jítsu competitivo. Abracei a causa deles. Ia às suas casas, falava com seus pais, alugava vans para levá-los às competições.

Num determinado horário, comecei a treinar alunos para o MMA, mesmo que não fossem lutar. Todo mundo lá era bem de vida: advogado, filho de desembargador, filho de delegado, filho de médico. Os moleques gostavam de lutar, apesar do conforto que certamente desfrutavam em casa. Sempre treinei jiu-jítsu com cuidado, de quimono ou, uma vez por semana, sem quimono. Botava luva de MMA e dava aulas de jiu-jítsu com as técnicas do MMA e sem a parte de cima. A cada dia tinha mais alunos. Houve um momento em que eles eram 90. Aquilo foi incomodando, incomodando, até que Penão reclamou com Rafael: "O cara nem é graduado em jiu-jítsu e dá aula."

Rafael me chamou.

– Você tem que parar de dar aula de jiu-jítsu. Nem faixa preta você é. Tem que parar! – ordenou.

– Você não é meu professor de jiu-jítsu. Meu professor me autorizou a dar aulas – retruquei.

Ao menos naquele momento, a coisa ficou por aí.

A turma da Chute Boxe, sempre que podia, aprontava alguma coisa. Numa manhã de chuva, enquanto carregava minha filha no colo a caminho da creche, Pelé veio em minha direção com sua caminhonete Ranger. Parou no sinal. Olhou para uma poça d'água e depois para a gente. Pensei: "Não. Ele não vai fazer isso..."

Era como se tivesse lido seus pensamentos. Pelé passou justamente em cima da poça, jogando água em mim e na minha filha. Tive de voltar, secar Kaory, trocar sua roupa e levá-la de volta para a escola.

Um tempo depois, meu amigo Rodrigo Vidal, que treinava com Rafael, veio me falar:

– Anderson, olha só, o Rafael está pedindo para você ir lá na academia. Não vai! Os caras estão armando alguma para você – alertou.

– Espera aí, cara. Não sou moleque! Vou até lá – retruquei.

Rafael havia falado para Cal ir junto. Tinha enchido o saco dele também. Cal não era faixa preta da Chute Boxe, o que bastava para Rafael entender que sua faixa preta não valia. Para a turma da Chute Boxe, o que não era Chute Boxe não existia. Cal disse que não ia, que não tinha nada para falar com ele.

Eu me lembro que ainda vestia a calça do quimono quando peguei o vale-transporte e fui sozinho. Cheguei, estavam todos lá, era uma equipe muito forte. Rafael me chamou e eu subi para onde ficava o vestiário. O lugar era pequeno, apenas alguns bancos e armários. Sentei, ele permaneceu em pé:

– Porra, eu já não tinha falado para você parar de dar aula de jiu-jítsu? – disparou.

– Mestre... – balbuciei.

– Não me chame de mestre! – interrompeu com rispidez.

– Mestre, você não é meu professor de jiu-jítsu. Meu professor de jiu-jítsu me deixou dar aula – argumentei.

Rafael então me desferiu um tapa na cara. Sem mais nem menos. Era algo que eu não esperava, me pegou de surpresa. Jamais sofrera uma agressão como aquela antes. Nem mesmo pelas mãos de meu tio ou de meu pai.

– Mestre... – ainda procurei insistir.

– Já falei para não me chamar de mestre! Falei para parar com as aulas de jiu-jítsu. Toda vez que a gente encontrar você e seus alunos, todo mundo vai apanhar – concluiu Rafael.

Ao descer, ainda tive de ouvir Rudimar, acompanhado de Pelé, Wanderlei, Pica-Pau e Nilson:

– Avisa esse Almir que o próximo é ele. Ele está muito folgado...

Tomei o caminho de volta para a academia. Eu me sentia péssimo. Quando cheguei, narrei para meus alunos o ocorrido. Eles procuraram me acalmar. Diziam que não esquentasse a cabeça, os caras eram assim mesmo. Anunciei que ia parar de dar aula de jiu-jítsu. Meus alunos ficaram indignados. A Chute Boxe tinha poder sobre as outras academias porque invadia, batia em todo mundo. Era o modo de agir deles. E todos muito grandes, fortes, bombados. Do nosso lado, éramos franzinos, tínhamos apenas a técnica.

Fiquei nervoso, perdi o sono. Lembrava das caminhadas a pé até a academia, das vezes em que tinha só um real no bolso e minha filha estava doente em casa, dos episódios em que minha honestidade foi questionada, dos casos de racismo, da minha filha morta nos meus braços, do tapa que Rafael havia me dado e de sua ameaça. Eu perderia o pouco que já havia conquistado se aceitasse sua proibição e recuasse diante de suas ameaças. Procurei um amigo, com quem hoje não tenho mais contato. Ele perguntou o que eu pretendia fazer.

– Quero matar esse cara! – anunciei.

No impulso do momento, entrei no carro desse amigo. Fomos até a Chute Boxe. Rafael tinha uma moto. Ela estava lá, o que indicava sua presença na academia. Estacionamos a poucas quadras dali.

– Quer mesmo matar o cara? – perguntou meu amigo, passando um revólver para minhas mãos.

Nem sabia como empunhar uma arma. Foram poucos segundos, mas minha cabeça estava a mil. Sentado no carro, pensei na educação que meus tios me deram, nos princípios da minha família e muito, muito mesmo, na minha tia. A cabeça girava, dava voltas. Meus filhos, minha tia, meus primos, todos eles apareciam em flashes na minha mente. Eu mal respirava, via ou ouvia. Tudo ficou em suspenso. Afinal decidi:

– Não vou fazer isso. Não é da minha índole – disse, cabeça baixa, devolvendo a arma.

– Claro. Não é da sua índole... – ironizou meu amigo. – Vou fazer por você – disse ele, já saindo do carro.

Tive de segurá-lo.

– Pelo amor de Deus, não! – falei, enquanto as lágrimas escorriam pelo rosto.

– Você é o maior cuzão! Da próxima vez, se tiver que fazer, eu faço. E, se acontecer alguma coisa com você, não adianta falar comigo – vociferou.

Imaginei que já tivesse feito aquilo, diante da irritação demonstrada. Sempre soube andar no meio de pessoas do bem e do mal. Sabia separar. "Você faz o que achar melhor para você, eu faço o que acho melhor para mim" era minha filosofia. Tenho amigos de todos os tipos. Houve um tempo (minha família não sabe) em que andei com gente que não tinha nada a ver, mas nunca fiz nada de errado. Não sou um cara do mal e jamais faria algo daquele tipo com alguém.

Naquele momento, a única coisa que sabia fazer era dar aula.

Aulas que mal cobriam o sustento da minha família. Até isso queriam tirar de mim? No dia seguinte, mais calmo, me aconselhei com Almir. Ele me orientou a que não parasse com as aulas. Afirmou que o pessoal da Chute Boxe não podia fazer nada, o que eu ensinava não tinha a ver com a modalidade deles e ele havia concedido autorização.

Os tempos eram corridos. Eu me dividia entre as duas academias, a de mestre Sergipe e a Physical. Foi justamente nesse momento que surgiu o primeiro convite para lutar MMA. A luta seria em Corumbá, Mato Grosso do Sul. Almir me falou sobre o evento. Ele sabia que, além do jiu-jítsu, eu praticava muay thai:

– A bolsa é de R$ 400. Quer ir? – perguntou.

– Claro que vou! – respondi sem titubear diante do que naquele tempo era uma grande "bolsa".

Segui para Corumbá com R$ 50 no bolso. Fomos numa Kombi. Ao longo do caminho, minha refeição se resumiu a um refrigerante e um sanduíche de mortadela. Não comi mais durante o dia. Meu estômago roncava, mas estava acostumado a ficar muito tempo sem me alimentar.

Eu tinha 22 anos quando competi em Corumbá. O evento era o Brazilian Freestyle Circuit 1. Fiz três lutas no mesmo dia. A primeira, ganhei com uma chave de pé. A segunda, por nocaute. A final foi com Fabrício Camões, o Moranguinho, da Gracie Humaitá. Ele hoje mora em San Diego, Estados Unidos, e se tornou um amigão. Mesmo com o braço erguido pelo árbitro, vitorioso, fiquei assustado. Não tinha entendido direito aquilo tudo. Só depois caiu a ficha. Pensei comigo: "Nunca mais vou fazer isso. Coisa de maluco!"

Tempos depois assisti a alguns vídeos das primeiras edições do

Ultimate Fighting Championship. Lembro de dizer sem o menor entusiasmo: "Ah, tá. Legal." Meu sonho mesmo era lutar no K-1, competição de luta em pé que acontecia no Japão. A vontade era tanta que tinha sonhos e pesadelos com o K-1. Acordava agoniado. Estava sempre aplicando um nocaute, daqueles bem espetaculares, ou tomando um.

O tempo passou sem que recebesse novos ultimatos da Chute Boxe. Houve apenas um episódio enquanto fazia a inscrição dos meus alunos para um campeonato de jiu-jítsu na Batel Training. A notícia de que lutava MMA havia se espalhado. Quem dava aula de boxe tailandês naquela academia era Pelé. Eu era magrinho, tinha uns 77 quilos. Ele já tinha seus 87, 88 quilos, lutava MMA. Pelé me viu passando e chamou:

– Chega aí, cara. Preciso falar com você!

Entrei na sala de squash que ele usava para dar suas aulas. Ele, que estava logo atrás de mim, trancou a porta. Ao estilo da Chute Boxe, me deu um aviso.

– Você está cruzando meu caminho, tem que parar com isso – ameaçou.

– Deve estar havendo um engano, não estou cruzando o caminho de ninguém – respondi.

Ele deu um tapa que derrubou meu boné. Abaixei, peguei meu boné, ele olhou para mim e repetiu:

– Não cruze meu caminho.

Naquele momento, não entendi o gesto. Hoje acho que foi resultado de uma certa insegurança. Pelé abriu a porta e saiu. Passou um tempo e reencontrei Rafael. Mesmo depois de tudo que havia se passado, ele me convidou para treinar na Chute Boxe. Foi numa época em que o Pride já estava rolando e as lutas de MMA começavam a ocupar espaço na mídia.

Aceitei o convite, o que deixou meus alunos de jiu-jítsu indignados. Eles diziam que, se fosse uma boa oportunidade, se tivesse mesmo de ir, que eu fizesse o que fosse melhor para mim. Mas eles não representariam a Chute Boxe em lugar algum. "O que os caras fizeram com você não se faz com nenhum ser humano", não se cansavam de repetir.

É difícil explicar por que aceitei treinar na Chute Boxe depois de tudo. Também não encontro apenas uma resposta para não ter reagido às provocações de Pelé ou à agressão de Rafael. Da mesma forma, não reagi ao racista na fila do McDonald's. Não procurei me vingar dos que me atribuíram responsabilidade pelo que fizeram na academia do Noguchi. Por incrível que pareça, hoje me relaciono com Rafael. Ele tem uma academia em Los Angeles onde já treinei algumas vezes.

É possível que tenha remoído esses episódios por longo tempo, mas temia, em alguns casos, que pudessem causar mal a minha família. Ao olhar para trás, concluo que fiz a coisa certa. Sou um cara que deseja o bem às pessoas e não tem o espírito de revanche no coração. Desejo o bem mesmo a quem me causou mal ou foi injusto comigo. E, se eu quiser pensar de outra maneira, o que a vida reservava para mim e minha família compensou muito do que passei nos anos que antecederam minha carreira de lutador.

Acho que alguém lá em cima gosta de mim e deve ter me guiado nos momentos em que precisei tomar decisões críticas ao longo de minha trajetória de vida e profissional.

Arquivo pessoal

Capítulo 5

O PRIMEIRO CINTURÃO A GENTE NUNCA ESQUECE

A decisão de aceitar o convite da Chute Boxe foi rápida. Minha cabeça estava voltada para certos objetivos: chegar aonde precisava, me tornar mais forte, aprender mais do que sabia, entender como eles haviam alcançado aquela posição de influência. Também queria construir novas relações. Sabia que era bom nisso desde o tempo de escoteiro (fui escoteiro quando garoto).

No primeiro dia lá, subi no tatame gigante. Os outros lutadores esfregaram as mãos. Devem ter pensado: "Vamos ver qual é a do negão." Mesmo um treino "normal" nunca era um treino normal. Tudo era pesado. Era mais fácil lutar do que treinar na Chute Boxe. Logo no primeiro dia Pelé tentou me acertar. Wanderlei Silva, à época imbatível no Japão e até hoje um dos nomes mais famosos do MMA, tentou me acertar. Nilson Castro também. Tive de colocar em prática tudo o que havia treinado. Sempre fui mais técnico do que todos eles, tanto no chão quanto na luta em pé.

Tenho uma cabeça aberta. Leio muito, mais do que a maioria dos lutadores. Mantinha relação muito boa com todo mundo, buscava mais conhecimento em outras academias. Isso era tabu na Chute

Boxe. O lema deles era: "Você é Chute Boxe. Não pode treinar em outro lugar a não ser na Chute Boxe." Os atletas ficavam limitados.

Eu era diferente. Nunca deixei de lado o desejo de me aprimorar. A humildade é também um exercício, assim como o treino físico. Acabei por conhecer a academia de Jorge Patino, o Macaco, um dos pioneiros do MMA em São Paulo. Não esqueço quanto foi importante treinar no mais famoso endereço da capital paulista, a academia Combate Sports. Lá tomei aulas de boxe com o Gibi. Conheço o dono da academia, seu Arnaldo, desde pequeno. Meu pai era amigo dele.

A Chute Boxe tinha seus aspectos positivos. A agressividade, marca registrada, tornava seus atletas altamente competitivos. Tecnicamente, não aprendi nada lá. Já cheguei faixa preta de boxe tailandês, sabia jiu-jítsu, boxe. Sempre vesti a camisa de todos os lugares onde estive, inclusive a da Chute Boxe, mas nunca fui encrenqueiro como eles. Nunca tive problemas com outras academias. Naquela época as duas maiores forças do MMA nacional e mundial eram a Chute Boxe e a Brazilian Top Team, equipe cuja base ficava no Rio. Houve uma rivalidade muito grande entre os dois grupos até que fosse estabelecida a paz.

De minha parte, mantinha uma relação muito boa com integrantes históricos da BTT, como Rodrigo "Minotauro" Nogueira e seu irmão Rogério "Minotouro" Nogueira. A mesma coisa com Ricardo Arona, um dos caras que me influencia até hoje. Arona foi campeão em 2000 e 2001 no Abu Dhabi Combat Club, campeonato de submission e luta greco-romana dos Emirados Árabes. E campeão sem levar um ponto sequer. Foi muito bem também no Pride. Em sua luta mais famosa, deixou desfigurado o japonês Kazushi Sakuraba, um ícone do MMA. Eu era amarradão no Arona, treinava jiu-jítsu inspirado nele.

Naquela época já tinha tomado aulas de boxe com Vitor Ribeiro. Tive outro professor com o mesmo nome, "Shaolin", só que esse dava aula de jiu-jítsu. Foi um tempo em que conheci também André "Xaropinho", da Nova União. Eu saía da Chute Boxe e treinava jiu-jítsu lá. Foi onde consegui migrar da faixa roxa para a marrom. A graduação para a preta foi sob supervisão do Minotauro.

Havia a Chute Boxe na minha vida, e havia a vida fora da Chute Boxe. Mesmo proibido de treinar em outros lugares, apurava minha técnica sem que soubessem. Eles podiam estar à frente na força bruta, mas tecnicamente sempre fui melhor. O que chegava mais perto era o próprio Rafael. Mesmo depois de tudo o que ele me causou, inclusive a reação mais imediata ao tapa, continuei a pensar: "Está tranquilo, tudo certo. Sei quem sou, por que estou aqui e aonde quero chegar." Já Rudimar, dono da academia, nunca tomou um beliscão na vida, nem faixa preta é. Eu observava a maneira como tratavam a gente, o tipo de psicologia que usavam. Precisava entender isso para saber com quem lidava.

Nos tempos de Chute Boxe, surgiu o Meca World Vale-Tudo. Era um evento nacional promovido por Rudimar em conjunto com Jorge Guimarães, o Joinha. À época, Joinha era comentarista de MMA na TV. Anos depois, se tornou meu empresário. Minha estreia na competição, em sua edição inaugural em 2000, foi com derrota. Não houve unanimidade. A decisão foi dividida e até hoje ninguém me tira da cabeça que não perdi. Mas, como na programação muitos atletas da Chute Boxe haviam ganhado, ficaria complicado se nenhum perdesse. Acho até hoje que favoreceram meu adversário para compensar. No vestiário, não foi o fim do mundo. Você aprende muito mais na derrota do que na vitória. É difícil aprender com a vitória. Acho que minhas derrotas serviram para que mantivesse os olhos sempre abertos para a realidade.

Tudo pode acontecer no ringue. É possível treinar duro por três meses e perder em apenas uma chave ou um golpe. Compreendi que precisava mudar muitas coisas para chegar aonde queria, em especial aquela ideia do "preciso ganhar de qualquer jeito". Entendi que tinha de fazer meu trabalho benfeito, mas que o resultado viria gradativamente. Um lutador de alto nível não perde porque é ruim, sentiu medo ou desistiu. Quase sempre ele perde porque o oponente usou uma estratégia mais inteligente.

No dia seguinte à derrota, já pensava no que teria de aprimorar. Era visto com desconfiança, especialmente por Pelé. Apenas quando comecei a lutar no pioneiro evento japonês Shooto, que iniciou suas operações quatro anos antes do UFC, caiu a ficha de que eu estava ali e não havia outro jeito. Criei vínculos de amizade e aos poucos conquistei a todos na academia.

Finalmente, a muito custo, até mesmo Pelé compreendeu que eu não estava lá para competir com ele. Até me lembro de um episódio em que fiquei a seu lado. Foi numa discussão com outros membros da academia em torno de seu aluno Murilo Ninja. Depois, ele veio falar comigo e reconheceu ter ficado surpreso por eu tê-lo defendido.

A época era de mudanças. Comecei a namorar uma moça chamada Suzana, dois anos mais nova. Ficamos juntos por quatro anos. Ela era professora, guerreira, trabalhadora. A gente conversava, trocava muitas ideias. Ela sempre me apoiou. Fui morar com ela, sua mãe também me apoiava demais. Nosso relacionamento é bom até hoje. Estávamos juntos na época em que comecei a lutar fora do Brasil, inclusive quando estreei no Shooto.

Minha segunda participação no Shooto marcou a primeira disputa de cinturão. A psicologia que envolveu o combate foi mais importante até do que a luta que se desenrolou no ringue. Foi o que a definiu. Eu e meu técnico, Sérgio Cunha, nos hospedamos na cidade de Osaka. O hotel ficava a um quarteirão, a poucos minutos, do local da pesagem. Ao chegarmos, nos informaram que minha pesagem sofreria um atraso. Pediram que não retornássemos ao hotel. Ficamos acomodados numa salinha apertada, onde a única distração era uma TV cuja programação reunia os melhores momentos da carreira do meu adversário, Hayato Sakurai. Nocautes, finalizações, principais golpes e vitórias sobre adversários brasileiros. Quando o vídeo chegava ao fim, reiniciava automaticamente. Foram tantas as repetições que deu tempo de assistir, dormir, acordar e acompanhar de novo. Atento, Sérgio, sentado a meu lado, me cutucou.

– Anderson, você está ligado no que eles estão fazendo, não é? Eles estão tentando trabalhar o seu psicológico – alertou Cunha.

Eu estava muito concentrado, analisava detalhes dos golpes de Sakurai. Aproveitei as horas que ficamos ali para verificar seus pontos fortes e fracos. Foi um tiro pela culatra para o japonês. Transformei algo que seria usado para me prejudicar em munição. Logo depois de minha pesagem, sem a presença de Sakurai, os funcionários do Shooto me liberaram para regressar ao hotel.

– Eles não querem que vocês se encontrem antes da luta. Talvez para não intimidar Sakurai. Não volta para o hotel. Faz uma hora por aqui, vai dar um passeio – Sérgio recomendou.

Sérgio correu para me chamar assim que Sakurai chegou para a pesagem. Quando nossos olhares se cruzaram, vi que o japonês tomou um susto. Sérgio estava certo. Minha presença ali perturbou Sakurai, mexeu com sua concentração.

Regressamos satisfeitos ao hotel. Antes de subir ao ringue, tínhamos vencido o primeiro round. Ainda assim, naquela mesma noite Sérgio me flagrou chorando. Perguntou o que estava acontecendo. Saía de cena o treinador e entrava o amigo. Contei que não via minha mãe biológica havia oito anos. Nem informações a seu respeito eu tinha. Havíamos nos distanciado por eu ter ido morar tão cedo em Curitiba. Mas mãe é mãe. Era angustiante não saber o que se passava, se estava viva ou não. Nas horas que se seguiram não conversamos sobre a luta. Falamos apenas sobre a vida. Foi reconfortante.

Somente alguns anos depois pude reencontrar minha mãe. E há cerca de um ano finalmente a levei para Curitiba. Hoje ela mora com minha irmã Aline numa casa que já foi minha.

Como lutar com um problema na cabeça? O negócio é focar e ser disciplinado. A luta pode ser a solução para problemas que nada têm a ver com ela. No dia seguinte, ao chegarmos ao ginásio que abrigaria o combate, notamos que não havia armário para mim. Dei de ombros, me troquei e deixei minhas coisas próximas a uma passagem por onde alguns atletas retornavam do ringue para os vestiários. Um funcionário do Shooto nos abordou. Explicou que o corredor era destinado à passagem dos campeões. Eu não poderia deixar minhas coisas ali. Assim que me pus a recolher o material, Sérgio segurou meu braço e ordenou que ficasse onde estava.

– Deixa sua bolsa aí! Ele não disse que essa é a passagem dos campeões? É exatamente por aí que você vai passar. Não é por nenhum outro lugar – orientou, apontando para o local "proibido".

O funcionário desistiu ao constatar que nos mantínhamos irredutíveis. Deve ter pensado que em poucos momentos perderíamos a pose. Afinal, eu iria enfrentar o campeão Hayato Sakurai, que em 20 lutas ao longo de cinco anos de carreira jamais havia perdido. Em sua estreia, havia batido outro grande nome do MMA, o japonês Caol Uno, cuja lista de rivais impõe enorme respeito.

Sempre tive facilidade para me concentrar. Caso contrário, as horas que antecederam o combate teriam cobrado seu preço. Olho para trás e reconheço que devo essa capacidade à época em que eu e meu amigo Katel viajávamos juntos para competir. Eu trabalhava no corner dele e ele no meu. Às vezes nem dava tempo de ir para o vestiário tomar um banho e trocar de roupa. Nem bem descia do ringue, já tinha de subir de novo com ele, e vice-versa.

O momento em que ouvi o hino nacional representou a realização de um sonho. Como cidadão brasileiro, me senti na obrigação de vencer e trazer o título para o Brasil.

Foi o que fiz: impedi que Sakurai acumulasse sua oitava defesa de título bem-sucedida ao conquistar por pontos, em decisão unânime, o cinturão de campeão da categoria até 168 libras. Quando deixávamos a arena, passamos pelo corredor reservado aos campeões. Sérgio acenou para o funcionário que havia me proibido de pôr as coisas lá. Acenou e apontou para o cinturão. Eu tinha 26 anos quando me tornei campeão dos médios no Shooto.

Aquela noite foi um divisor de águas. Marcou uma reviravolta na minha maneira de pensar, na minha autoestima, na minha autoconfiança. Apesar de ter decidido que merecia uma vida melhor depois da morte da minha filha, foi naquele momento, com aquela vitória, que algo maior em mim despertou. “Posso mais do que isto, posso ser muito mais”, me convenci.

Lailson Santos / Abril Imagem

Capítulo 6

ANDERSON "THE SPIDER" SILVAAAAAA!!!!!!!!

Um dia Rudimar convocou uma reunião na academia. Ele precisava de um voluntário para uma missão de muita responsabilidade no Pride, evento japonês de MMA, então maior do que o próprio UFC. Eu jamais tinha lutado no Pride, que não contemplava minha categoria de peso. Todo mundo era bem maior do que eu por lá. Ainda assim, eles queriam um brasileiro para enfrentar Alex Stiebling, americano que havia derrotado justamente seis compatriotas em sequência. As primeiras vitórias tinham acontecido no Brasil, num evento dos mais violentos: o International Vale-Tudo Championship, em São Paulo. Stiebling derrotou mais dois no Japão. Pela forma inquestionável com que alcançou essas vitórias – nocaute, nocaute técnico, submissão ou decisão unânime –, ele se autoapelidou "Brazilian Killa" (algo como "Matador de Brasileiros").

Assim que Rudimar terminou de explicar quem era Stiebling, levantei o braço e perguntei se poderia enfrentar o "Matador de Brasileiros". Minha sugestão provocou protestos do resto da galera. Achavam que eu era muito "pequeno" para participar do Pride. Pesava à época 77kg. Stiebling, que competia na categoria mais leve do Pride (o limite eram 93kg), pesava 89kg. Meus colegas argumentavam que a diferença representaria vantagem muito grande para ele. Rudimar pensou, olhou para mim e decidiu.

– Você vai pegar o "Matador de Brasileiros"! – anunciou o dono da Chute Boxe.

O Pride era uma superprodução. Havia telões gigantes, animações em forma de paredes de fogo por trás das fotos dos lutadores. Um anunciador de ringue apresentava os competidores em japonês. Uma outra apresentadora, que nunca aparecia, informava em inglês, pelo sistema de som, os nomes dos que fariam o próximo combate. Tinha uma voz sexy. Até hoje, quando me perguntam como ela era, respondo que fazia jus à voz.

Até chegar ao ringue, os lutadores caminhavam por uma passarela gigante. Alguns colaboravam com o clima de show: entravam com máscaras que depois eram atiradas ao público. Rudimar e Wanderlei Silva me escoltaram até o ringue. Ao contrário de Wanderlei e Pelé, que se apresentavam sempre sérios, decidi inovar. Após o tradicional cumprimento japonês, fui dançando break até o ringue. O público adorou e passou a acompanhar com palmas o ritmo da música. Em certo momento, o cinegrafista deu um close em minhas pernas para registrar melhor os passos da dança.

Subi ao ringue e fiz a tradicional saudação do boxe tailandês. Com um joelho levantado, apoiado na minha outra perna e mantendo as mãos em guarda alta, fiz um giro de 360 graus com o corpo.

A surpresa prosseguiu na apresentação do meu rival. Ou melhor, antes mesmo de ele aparecer. Ele havia escolhido uma música tailandesa para sua entrada no ringue! Era uma clara referência ao boxe tailandês. Quando o vi, notei que estava caracterizado como lutador de boxe tailandês, daqueles que a gente vê nos filmes, com shorts estilizados e testeira. "Não acredito que ele vai fazer isso!", pensei comigo. O boxe tailandês é meu forte ainda hoje. Naquela época, nem se fala. Com certeza meu oponente havia assistido a lutas anteriores e percebido. Aquilo beirava a provocação.

Ele subiu ao ringue, abaixou-se na lona e se manteve naquela posição por alguns momentos. Em sinal de suposto respeito, tirou o roupão e revelou um calção onde se lia na frente "Brazilian Killa". Até aí nenhuma surpresa, mas atrás havia um "Royce Who?". Ele se referia a Royce Gracie, filho do lendário Hélio e grande astro das primeiras edições do UFC. Royce e o irmão Rorion, primeiro organizador do Ultimate, plantaram as sementes da popularidade do MMA nos Estados Unidos. Stiebling era abusado. E não parou aí. Sinalizou para mim que o combate obedeceria ao estilo do boxe tailandês. Com um gesto, fiz que sim. Retornei a meu corner. A sorte estaria do meu lado se ele realmente combatesse de pé, dentro do meu jogo, para provar quão superior era. Pensei que o azar seria dele.

Não perdi tempo. Assim que o combate foi autorizado, acertei uma canelada no rosto. Ele sentiu, impossível não sentir. A dor fez com que mudasse de tática de imediato. Não queria mais saber de cotoveladas, joelhadas, chutes e socos do boxe tailandês. Seu negócio passou a ser a luta no chão, e sua prioridade, me derrubar.

O chute, além de tê-lo abalado, abriu um corte sobre o olho direito, que logo começou a sangrar. O combate foi interrompido para que o médico o examinasse. O doutor balançou a cabeça, conversou com o árbitro e, com menos de um minuto, foi decretado nocaute técnico. Meu corner invadiu o ringue para comemorar. Rudimar correu para me abraçar:

– Porra, guri, você é foda!

Sorri. Apesar da festa, um filme passava na minha cabeça. Um filme das coisas que já tinham acontecido, das pessoas a quem Rudimar havia prejudicado. Aquilo sempre foi claro dentro de mim. Stiebling, humilde, me entregou seu calção. Até hoje o conservo em minha casa. Não o deixei exposto nem nada, está guardado numa gaveta. Ainda não tive tempo de enquadrá-lo. Farei um dia.

Depois de nosso encontro, Stiebling perdeu o caminho da vitória. Foi derrotado seguidas vezes. Nunca mais bateu lutadores brasileiros. Perdeu para meu futuro amigo Rogério "Minotouro" Nogueira e para Murilo "Ninja" Rua. Daquela vez, ficou claro que não lutava só por mim. Representava meu país. Morreria pelo Brasil, pela minha equipe, pela minha família e pelos meus princípios. Ali, naquele momento, faria qualquer coisa, dentro das regras, para honrá-los.

Sempre lutei pelo meu país, apesar da falta de apoio ou reconhecimento oficial. Falo por mim e por todos os brasileiros que representam o país lá fora. O Brasil nunca ficou sabendo de minhas lutas no Pride. Nunca um líder político brasileiro reverenciou Wanderlei ou Minotauro, que durante muito tempo foram reconhecidos como reis no Japão. Outros, como Rickson Gracie, Pedro Rizzo, André Pederneiras, que representaram o país e levaram o nome do Brasil com raça até o fim, sangrando e mostrando que somos uma potência em todos os esportes, também foram ignorados. A gente vê brasileiros indo para fora, sempre muito respeitados. Alguns obtêm nacionalidade de outros países. É possível entender, diante da falta de apoio.

O período em que competi no Japão foi extraordinário. Foi onde ganhei o apelido "Spider", homenagem inesperada a meu super-herói favorito. Almoçava antes de uma luta quando a anunciadora de ringue notou que eu trajava uma camiseta do Homem-Aranha.

– Sabe que você lembra bastante o Homem-Aranha? – comentou ela.

– Obrigado, sou fã do Homem-Aranha – disse, envaidecido.

– É. Você lembra bastante o Homem-Aranha – repetiu, para minha alegria.

Achei engraçado, mas à noite, quando entrei para lutar, já havia esquecido o papo. Então, sem que tivesse imaginado, sem aviso, fui apresentado ao público:

– And now, from Brazil, Anderson "The Spider" Silvaaaaaaaa!!!

Enquanto caminhava pela rampa, voltei a ser um menino. Lembrei do fascínio por Peter Parker, pelo Aranha dos quadrinhos, desenhos e seriado de TV.

Falei do Aranha nas primeiras páginas, mas vale a pena contar um pouco mais. Acompanhava minha tia ao centro da cidade nas compras da casa. Ela me levava para comer pastel, tomar refrigerante. E a gente sempre passava em frente a uma loja onde havia uma fantasia do Homem-Aranha. Todo dia 10, quando sabia que ela recebia o pagamento, eu pedia:

– Por favor, tia, compra, por favor!

Finalmente tia Edith cedeu! Tão logo aconteceu, aquele se tornou meu maior troféu. Poucas vezes um presente me deixou tão feliz. Eu não tirava a fantasia para nada. A roupa do Homem-Aranha ficava por baixo do uniforme da escola. Quando chegava o recreio, me vestia de super-herói. Era minha identidade secreta. Não me fantasiava apenas. Eu me tornava o próprio Homem-Aranha.

Peter Parker era um fotógrafo, o que me levou a lançar mão de uma máquina fotográfica antiga do meu tio. Uma daquelas que nem funcionavam mais, com manivela e tudo. Mesmo sem tirar fotos, ela compunha minha identidade secreta ao ser pendurada no pescoço. Pegava revistas velhas, recortava fotos de carros batidos, coisas assim, e fingia que as tinha tirado.

Era bom ser o Aranha numa época em que as coisas eram difíceis, as lembranças doíam, a saudade de pai e mãe apertava. Aranha era mais do que um disfarce. O super-herói era um consolo, uma escalada da autoestima em direção a alturas inimagináveis para um Anderson Silva ainda tão distante dos octógonos e dos cinturões.

Eu não devia me mostrar como Homem-Aranha para os outros. Precisava proteger minha identidade secreta. Se brincava de Homem-Aranha no meu quarto e alguém me chamava, corria para vestir a camiseta e colocar a calça. Só então atendia ao chamado:

– Andersooon! Andersooon! – chamava minha tia.

– Senhora? – respondia.

– Por que demorou tanto? Vai comprar fermento – ordenava.

E lá corria o Homem-Aranha para a missão não tão arriscada de comprar fermento. Ainda assim, por menos nobre que fosse a causa, ao colocar o pé fora de casa, era o Aranha quem emergia. Eu tirava calça e camiseta e as escondia perto da escada. Ao menos por alguns minutos podia ser o Homem-Aranha. Quando voltava, vestia de novo minha roupa "civil". Era assim que me apresentava à minha tia novamente.

– Pronto, tia! Aqui está o fermento – anunciava como quem acabara de salvar uma vida ou derrotar um inimigo poderoso.

Um dia aquela fixação pelo Homem-Aranha chamou a atenção da orientadora da escola. Ela chegou a marcar reunião e pedir que minha tia procurasse uma psicóloga. Tia Edith fez o que foi recomendado. A psicóloga atendia em uma faculdade, um lugar que me lembro de ter achado sensacional. Numa das sessões, uma caixa foi colocada na minha frente. Eu tinha de encaixar algumas formas geométricas em seus devidos lugares. Havia estrelas, cones, uma porção de objetos. E a psicóloga me observava e avaliava. Eu punha uma estrela aqui, um cone ali. Uma peça aparentemente sobrou depois de toda aquela operação. Olhei, olhei, peguei o negócio e, de alguma forma, encaixei. Surpresa, ela anotou no papel.

Na próxima consulta, havia uma tela onde eram projetados uns desenhos. Eu tinha de associá-los a outras imagens. Houve muitos outros exercícios, e nada de dizerem o que eu tinha. Quando estavam para marcar nova consulta, minha tia se encheu:

– Quer saber? Você não tem nada! E não te levo mais para psicóloga nenhuma!

A fixação pelo Homem-Aranha ficou adormecida num canto da memória a partir do momento em que a fantasia deixou de caber em mim. Aconteceu mais ou menos quando comecei a interagir com meus amigos da rua. Se brincava com a roupa de Aranha, era deixado de lado. Além de a fantasia mal caber no corpo, tive de fazer uma escolha entre ela e minha vida social. Até as revistas do Homem-Aranha e outros gibis que colecionava se perderam com o tempo. Ao menos até aquela caminhada na rampa do Pride tive de me contentar com a vida bem menos emocionante de Anderson "Peter Parker" Silva.

Meu destino cruzou novamente com o do Aranha graças à anunciadora do Pride e num momento em que acumulava vitórias. Numa ocasião, me puseram frente a frente com o canadense Carlos Newton. Era negro como eu, mas com cabelos estilo dreadlocks. Havia aquele estereótipo de que lutadores de vale-tudo, ou MMA, eram muito violentos. "Ronin", seu apelido, era o oposto daquela imagem. Ele era "o cara". Muito técnico, treinava e se preparava como poucos. Seu estilo era cheio de acrobacias. Fui como zebra. Na época não tinha como comparar seu jiu-jítsu ou sua experiência com a minha.

Pratiquei muito jiu-jítsu com meus alunos. Treinei muita defesa de Kimura, tipo chave de braço (uma americana invertida) e saída da montada, momento em que o lutador que está por cima monta no adversário com joelhos e pés no solo. Criamos uma saída da montada diferente da tradicional – eu saía por baixo. Entre os alunos que me ajudavam na Physical como sparrings no chão, lembro em especial de Jonathan, que tinha muita habilidade, aprendia rápido e era talentoso.

Na luta em pé, analisei muito os combates do Newton. Assistir aos teipes dos adversários foi algo que aprendi com Noguchi. Ele sempre nos fez estudar muito, ler, analisar vídeos. Ao observar os movimentos de Carlos Newton, percebi que se abaixava demais. Às vezes por nada. Constatei que era um cacoete e que em algum momento da luta faria aquilo.

Por causa da preparação, o combate transcorreu sem maior tensão. Ao menos para mim. Rudimar, Rafael e Wanderlei estavam nervosos e apreensivos. Pelas orientações que me passavam, não tinham convicção de que eu venceria:

– Vamos sair de baixo, mexe o quadril, ganha o braço, ataca o armlock (chave de braço).

Carlos Newton me derrubou e passou minha guarda. A guarda é aquela posição em que você mantém o adversário entre suas pernas ou tenta controlá-lo com elas. Ele passou a guarda e pegou meu braço na Kimura. Saí daquela enrascada graças aos movimentos que havia treinado em Curitiba. Eu já sabia que ele ia fazer aquilo. Newton montou e ficou lá. Tinha noção de que não era muito agressivo. Batia sem muita força. Valorizava o jiu-jítsu. Em determinado momento, consegui travá-lo e pensei: "Bom, o juiz não vai deixar a luta muito tempo no chão."

Não deu outra. Quando ele se levantou, lembrei de outras coisas que havia treinado. Amarrava alguns elásticos na cintura e colocava uns dois ou três colchonetes a um metro, um metro e meio de distância. Um aluno me segurava e eu me projetava com o joelho para a frente a essa distância. Fiz isso. Fintei o movimento do chute e projetei meu corpo. Quando ele abaixou a cabeça, tomou a joelhada e foi nocauteado.

Firmou-se um padrão. Tudo que fazia na academia, procurava reproduzir nas lutas. No combate com o japonês Alexander Otsuka, 93kg, minhas chances seriam pequenas em pé. Tratei então de me manter no chão. Fiz o que podia por lá. Mais uma vez o que havia praticado aconteceu. Venci por decisão unânime.

O sucesso nos ringues não se repetia na vida pessoal. O relacionamento com Suzana estava desgastado. No final do ano, nos fins de semana e feriados, seguia para a casa da minha tia. Dayane estava sempre por lá, o que provocava ciúmes em Suzana. Minha tia amava Dayane como se fosse sua filha. Minha prima era apaixonada por ela. Não havia clima para que Suzana frequentasse a casa. Eu ainda me dedicava à construção de um lar para Dayane. Mesmo ao lado de Suzana, tinha como prioridade construir uma casa para minha mulher e meus filhos.

Minha família sempre torceu para que eu reatasse com Dayane.

– Você tem que ficar com a sua família, com seus filhos, sua esposa, criar um pouco mais de juízo – era o mantra da minha tia.

Eu e Suzana rompemos. Fiquei na casa da minha tia por muito tempo. As lutas no Pride me permitiam ajudar nas despesas. Aos poucos adquiria a confiança da Chute Boxe, conquistava meu espaço. Quando Rudimar e Rafael acompanhavam Wanderlei às lutas no Japão, eu era o responsável pelos treinamentos de Nilson, Murilo "Ninja", Maurício "Shogun" Rua, Pica-Pau, enfim, dos lutadores de ponta da Chute Boxe.

Numa dessas ocasiões, acabei de puxar uma aula, guardei os colchonetes e entrei no vestiário para tomar um banho. Já pensava no almoço, na aula que daria na outra academia e no treino noturno quando Shogun, que estava no vestiário, me perguntou:

– Meu irmão, está a fim de sair da academia?

Havia comentários de que os atletas da Chute Boxe deviam receber mais pelas bolsas. A transparência era contestada e estava na origem da intenção revelada por Shogun de deixar a academia. Suas palavras seguintes foram pesadas e lançavam uma sombra sobre a eventual lisura na prestação de contas da Chute Boxe.

No que diz respeito a mim, nunca assinei nenhum contrato. Um erro. Eles me chamavam e informavam: "Anderson, você vai lutar com aquele cara ali, ele tem 200 quilos, e você vai lutar com ele." Eu dizia: "Beleza, pode botar." "Anderson, rola." Eu rolava. "Anderson, late." Eu latia.

Sempre fui muito disciplinado na relação com meus mestres. Como já disse, não costumo questioná-los. Tanto que minha primeira derrota no Pride, contra Daiju Takase, aconteceu por isso. Eu não tinha a experiência de chão que tenho hoje, mesmo que na luta imediatamente anterior tenha batido Newton, que era melhor que o japonês no chão. Minhas costas doíam por conta de uma hérnia de disco recém-descoberta. Um mês antes do combate, quando visitava minha mãe, meu pai e meus irmãos em São Paulo, me ligaram: "Você vai lutar no Pride." Eu precisava da grana, e fui.

Tomei uma tesoura e o japonês pegou meu tornozelo. Perdi em um triângulo, estrangulamento com as pernas com o auxílio dos braços do adversário. Foi minha última luta pela Chute Boxe.

Às acusações de Shogun contra a Chute Boxe, respondi apenas:

– Isso não é coisa para falar dentro do vestiário. Espera o mestre chegar e fala com ele.

Logo me vieram à mente os dois episódios em que suspeitaram de mim. Saí para dar aula em outra academia. Quando cheguei, fui logo procurado pelo Ninja, irmão de Shogun:

– Anderson, quero sair da academia!

As palavras seguintes foram ainda mais pesadas que as de seu irmão. Elas atingiam a honra de Rudimar.

– Se você sair da academia, vou junto. Somos amigos, não vou deixar que saia sozinho – prometi.

Outros amigos ficaram do meu lado. Se eu saísse, fariam o

mesmo. Alguém da Chute Boxe ligou para o Japão e avisou que organizávamos um motim para abandonar a academia.

O episódio com Ninja apenas deflagrou um processo. Além de mim, alunos como Rodrigo Vidal e Israel Gomes estavam cansados e compartilhavam o desejo de deixar a academia.

A relação com Suzana havia terminado, mas eu ainda não tinha voltado para Dayane. Na Chute Boxe, conheci e me apaixonei por Marcela, que treinava com um aluno. Ela era muito jovem. Se hoje fosse tudo diferente, se não houvesse Dayane na minha vida, Marcela era a mulher com quem gostaria de casar. Seu pai foi sempre desagradável. Imagino que não gostasse do fato de eu ser negro, não ser rico e já ter filhos. Não era o padrão de namorado que uma família de classe média alta esperava. Marcela foi alguém que amei muito, que me deu uma base para passar por algumas situações. Sempre foi muito madura, nunca brigamos. A gente conversava e resolvia tudo. Foi muito tempo naquela de amor impossível, o que não impediu que vivêssemos momentos importantes em que aprendemos muita coisa.

Enquanto pensava se saía ou não da Chute Boxe, ela me disse:

– Tome a decisão que for melhor. A competência, o conhecimento são seus. Ninguém vai tirar isso de você.

Resolvi deixar a academia. Alguns saíram comigo. Ninja, que eu achava que era meu amigo, e Shogun voltaram atrás. Faltou palavra. Quando soube de minha decisão, Rudimar quis conversar. Ele me chamou para dar uma volta, estacionou o carro e abriu um envelope cheio de papéis:

– Não saia da academia por causa do contrato. Eu te mostro. Deixa eu ver, hummm, este aqui não é o teu contrato, é o do Wanderlei, luta do Wanderlei... Ah, aqui está! Quer ver? – indagou, com a papelada na mão.

– Não, não quero ver – respondi.

– Porra, mas tá aqui o teu contrato – insistiu e apontou o documento em minha direção.

– Não quero ver! Mestre, estou saindo da academia para procurar meu caminho. Não sei se amanhã ou depois vou bater na sua porta e pedir para voltar. Agora sinto necessidade de buscar meu caminho. Não é por causa do contrato, não é por causa de dinheiro – expliquei com mais ênfase.

– Então tá – respondeu ele, resignado.

Eduardo Monteiro / Abril Imagem

Capítulo 7

PRIDE E PRECONCEITO

Eu estava fora da Chute Boxe. Pensava no que fazer sem academia. Pedi a uma amiga, Adriana, que traduzisse uma carta que havia escrito para o Pride. Ela anunciava minha saída da Chute Boxe, informava que seguiria por conta própria, mencionava minha expectativa de que isso não afetasse minha relação com o Pride e afirmava que deixava a Chute Boxe apenas por diferença de opinião.

Ainda assim, a turma da Chute Boxe teria espalhado que eu e outros atletas havíamos sido expulsos e que eu estaria com inveja de Wanderlei. Ao Pride, relataram que o motivo da expulsão teria sido indisciplina. Rudimar teria afirmado que Wanderlei abandonaria a promoção caso eu pisasse lá de novo. Fiquei muito tempo sem lutar. As portas do Pride se fecharam. Quem era Anderson comparado a Wanderlei? Nada.

Eu me decepcionei com algumas pessoas do Pride. Minha briga não tinha nada a ver com a promoção. Sempre honrei meus compromissos com a empresa japonesa. Joinha ligou várias vezes para minha casa a pedido de Rudimar:

– Anderson, não abandona a Chute Boxe!

– Sou um cara de palavra, não volto atrás. O que passou, passou – resisti.

– Você vai ficar sem lutar, os caras têm uma boa relação – insistiu Joinha.

– Não me interessa a relação que os caras têm. Vou seguir meu caminho, não quero mais saber deles – finalizei.

Ao olhar para trás, chego à conclusão de que tudo aconteceu porque umas pessoas queriam ser melhores do que outras. Algumas por insegurança, outras por ganância. Eu duvido que Rudimar encoste a cabeça no travesseiro e durma depois de assistir a uma luta minha. Também duvido que Wanderlei não se arrependa do que fez ou do que deixou de fazer. Ele poderia ter dito: "Deixa o cara trabalhar, não precisa de nada disso. O cara tem família, assim como eu." Se o Pride ainda estivesse aí, os caras continuariam do jeito que eram.

Rafael se mudou para os Estados Unidos. Aconteceu com ele o que aconteceu com a gente. Rudimar nem olha mais para a cara dele. Se o Pride ainda existisse, Rafael teria continuado a fazer as mesmas coisas, continuaria sem olhar para a minha cara.

Ao enfrentar toda sorte de adversidades, cresci. As adversidades me transformaram no homem que sou. Falhei com algumas pessoas, decepcionei outras. Não sou perfeito, mas acordo todos os dias e tento ser melhor do que sou. Naquele momento da minha vida, fiquei sem perspectiva de pisar num ringue. Voltei a dar aula, cortei despesas. Meu consolo era pensar que havia conseguido provar minha capacidade, meu talento e minha competência. "Quem tem, tem. Quem não tem, não tem. E você tem", repetia para mim mesmo. Ainda assim, fiquei mal. Na minha cabeça estava decidido sobre o que fazer: pegar a grana que havia sobrado e ir embora.

Minha ideia era seguir para os Estados Unidos. Nem que fosse para montar um lava rápido por lá.

Dona Maria José, proprietária da marca que Wanderlei usava, a HDB, soube da minha intenção de deixar o Brasil. Ela sempre gostou de mim e me apresentou ao Mama, primo do Minotauro, que por sua vez contou a ele o que se passava. Eu conhecia Minotauro. Naquela época ele era um dos maiores ídolos do MMA, em especial no Japão, por suas lutas fantásticas no Pride. Hoje ele alcançou status de lenda das artes marciais. Marcamos encontro num restaurante japonês no bairro do Batel. Ele não precisava ter ido, já que nos conhecíamos muito pouco. Mas lá estava ele.

– Minotauro, não estou mais a fim, perdi a vontade de lutar. Estou muito decepcionado com todo mundo – lamentei.

Enquanto comíamos, Minotauro me convencia a não abandonar as lutas.

– Vamos para o Rio, vai pra lá me ajudar – convidou.

Sempre que estive perto de desistir, apareceram pessoas que me estimularam a insistir. Isso fez a diferença. Rodrigo Minotauro foi um cara que fez toda a diferença na minha vida. Foi e será sempre um pai, um irmão, um grande amigo.

Segui seu conselho e me instalei no Rio. Minotauro me apresentou à Top Team. Fui bem recebido por Murilo Bustamante, Zé Mário, Bebéu, todos líderes da Top Team. Viajei para a Bahia com o Rodrigo, que me apresentou a Luís Carlos Dórea. Dórea havia sido treinador de Popó por ocasião de seu primeiro título mundial. Mais tarde seria também o treinador de Everton Lopes, primeiro campeão mundial de boxe amador do Brasil. À época, conheci ainda o americano Ed Soares, parceiro de Joinha, que se tornaria meu empresário.

Minotauro organizou um evento na Bahia, o Minotauro Fight (ou Conquista Fight 1). Lutei e venci por nocaute Waldir dos Anjos, o Diamante Negro. Depois da luta, Minotauro me explicou:

– Anderson, não posso agenciar sua carreira porque ainda estou lutando. Não consigo fazer isso agora. Mas quero que você continue no Rio, você é meu irmão. Vai treinar comigo. É melhor para você. Joinha é bom no que faz, vai te empresariar tão bem quanto eu.

De qualquer forma, Minotauro me levou também para a Coreia do Sul, onde derrotei Jeremy Horn. Horn não parecia um lutador, apesar de suas vitórias sobre os campeões do UFC Chuck Lidell e Forrest Griffin. O dinheiro daquele combate me permitiu terminar a construção da casa de Dayane e de meus filhos.

A Chute Boxe não esperava o que aconteceria a seguir. Minotauro comprou uma briga com o Pride, com a Chute Boxe e com a Brazilian Top Team. Seu contrato havia expirado e ele negociava um novo que aumentaria sua bolsa. Meu amigo pediu que me colocassem no card e ouviu uma contra proposta.

– Tem essa cláusula que aumenta sua bolsa. Ou a gente paga esse valor a mais, ou colocamos o Anderson na programação – propuseram.

– Então pode tirar essa cláusula. Bota o cara para lutar – respondeu Minotauro ao desprezar dezenas de milhares de dólares por minha causa.

Estava feito! Minha próxima luta seria contra o japonês Ryo Chonan, que tinha o apelido de "Piranha". O Pride tinha voltado a assinar comigo, para surpresa da Chute Boxe.

– Minotauro, você não vai se decepcionar! – disse, emocionado.

Iniciei o treinamento. Pelé, que a essa altura havia deixado a

Fotos: arquivo pessoal

Anderson, aos 4 anos, ao lado das primas Sandra (à esquerda) e Silvana (à direita).

Abaixo: A prima Sandra, a tia Edith, Anderson, a mãe, Vera Lúcia, e o primo Elson, em visita à família de Anderson em São Paulo.

Fotos: arquivo pessoal

Fotos: arquivo pessoal

Com outros lutadores, na academia do Corinthians, quando aprendeu boxe. Na foto, Paulinho, Anderson, Paiva e Ediel.

À esquerda: Anderson fazendo pose na academia do Noguchi.

PÁGINA AO LADO

Acima, à esquerda: Anderson segura no colo o seu recém-nascido Kalyl, enquanto a filha Kaory o segura pelas pernas.

Acima, à direita: Kalyl e Kaory assistem à televisão ao lado do pai.

Abaixo, em sentido horário: os filhos Kauana, João, Kaory e Kalyl.

Arquivo pessoal

Em treino com Noguchi, numa das raras vezes em que lutaram jiu-jítsu.

PÁGINA AO LADO

Acima: O pai biológico de Anderson segurando o troféu do Meca, Anderson com Kalyl no colo e o lutador Rafael Cordeiro.

Abaixo: Anderson chuta a perna de Claudionor Fontinelle na quarta edição do Meca.

Fotos: arquivo pessoal

Fotos: arquivo pessoal

Israel Albuquerque se defende de soco de Anderson, na quinta edição do Meca.

À esquerda: Anderson tenta aplicar golpe em Israel Albuquerque.

Fotos: arquivo pessoal

Rafael Cordeiro, Anderson Silva e Sérgio Cunha durante o Storm Muay Thai.

À esquerda: Rafael Cordeiro e Anderson, já sobre o ringue, no Storm.

Passeando pelas ruas de Tóquio, no Japão, antes da estreia no torneio Shooto.

Abaixo: Anderson mostra com orgulho o cinturão do Shooto, grande divisor de águas de sua carreira.

Fotos: arquivo pessoal

Fotos: arquivo pessoal

Anderson se aquece antes de um de seus combates no torneio japonês Pride.

Abaixo: O colega de academia Wanderlei Silva levanta o braço de Anderson após uma de suas vitórias no Pride.

Vidal Cavalcante / Agência Estado

Anderson mira chute no "Matador de Brasileiros", Alex Stiebling, no Pride, em 2002.

Abaixo: O árbitro ergue o braço de Anderson em sua última participação no Cage Rage, na Inglaterra, numa vitória esmagadora sobre Tony Fryklund.

Arquivo pessoal

Fotos: arquivo pessoal

Anderson castiga Rich Franklin momentos antes de ser coroado campeão dos pesos médios do UFC, em 2006.

Abaixo, à esquerda: Anderson já com o cinturão de campeão.

Abaixo, à direita: Anderson com o presidente do UFC, Dana White.

Latinstock / Corbis / Bettmann

O campeão mundial Muhammad Ali provoca Sonny Liston ao vencê-lo com um nocaute no primeiro assalto, no Maine (EUA), em 25 de fevereiro de 1964.

Abaixo: Fã de Ali, Anderson Silva observa, 45 anos depois, o ex-campeão Forrest Griffin nocauteado no primeiro assalto, em 8 de agosto de 2009, nos Estados Unidos. Qualquer semelhança não é mera coincidência.

Josh Hedges / Zuffa LLC / Getty Images

Arquivo pessoal

Jorge, Rogério Minotouro, Anderson, o preparador físico Rogério Camões e Vitor Belfort na academia XGYM.

Abaixo: A "luta do século" entre Anderson Silva e Vitor Belfort, em Las Vegas, em 2011, acabou em 3 minutos e 29 segundos, com um chute na cara.

James Law / Zuffa LLC / Getty Images

Wilton Junior / Agência Estado

Rafael Andrade / Folhapress

Arquivo pessoal

Petronio Cinque

Gabriel, Kalyl e Anderson no aniversário de 15 anos da sobrinha do lutador.

À esquerda: Anderson em uma performance de Michael Jackson no programa da Hebe Camargo.

PÁGINA AO LADO

Acima: Anderson acerta golpe no japonês Yushin Okami, em revanche no UFC Rio, em agosto de 2011.

Abaixo: O Aranha escala a grade do octógono ao comemorar a vitória no Rio.

Arquivo pessoal

No sentido horário: Anderson, Gabriel, a esposa, Dayane, Kauana, Kalyl, João e Kaory.

Chute Boxe, praticava com a gente em Curitiba. Meus alunos Zanon, Damasu, Tocha e Locutor ajudavam. O preparador físico Madson Ramos completava o time. Dois meses antes da luta, Pelé aplicou uma tesoura em meu tornozelo. Não queria acreditar que tivesse feito por maldade. Botei gelo, na hora não senti. Acabou o treino, percebi que doía demais. Contei a Minotauro o que havia acontecido. Descobri que o golpe havia rompido todos os ligamentos do meu tornozelo. Tomei anti-inflamatório – quatro, cinco anti-inflamatórios –, coloquei gelo no pé.

Minotauro me aconselhou a concluir o treino no Rio. Três dias depois, embarquei. Sequer podia calçar um sapato, o que me fez viajar de chinelos. Estava horrível. O médico tratou, fiz várias infiltrações. Meu pé foi melhorando aos poucos. Aplicava gelo, tratava. Segui para a luta com o tornozelo machucado. Queria muito provar que venceria sem a Chute Boxe. O fato de eles tomarem parte do evento em que eu finalmente retornaria ao Pride teve esse peso adicional. A tal ponto que deixei de lado os ensinamentos das artes marciais, de me proteger acima de tudo.

Comecei bem a luta com o "Piranha". Estava em vantagem quando fui surpreendido com uma finalização por chave de calcanhar. Hoje revejo o combate e penso que não me pegariam novamente naquela posição. Podia ter travado o movimento, me jogado para trás ou acertado meu calcanhar no rosto dele e encerrado a luta.

Não adiantava chorar. Eu devia ter vencido para garantir minha permanência. Não me chamaram mais. Minotauro e Wanderlei também foram derrotados. Foi um péssimo dia para os brasileiros.

De volta ao país, Marcela e eu terminamos. Além do motivo que já havia provocado minha separação de Suzana, havia a implicância do pai dela. Ele não me cumprimentava quando a visitava em casa. Uma outra namorada, Carolina, passou pela minha vida naquele momento. Foi uma pessoa importante também.

Os relacionamentos que mantive não me impediam de achar que muita coisa estava dando errado por não ter uma família, por estar distante dos meus filhos, da própria Dayane. Queria protegê-los, sentir que estavam próximos. Tão logo reconquistei Dayane, tudo mudou para melhor. Fiquei mais equilibrado. A gente concluiu a casa, que agora já tinha lavanderia, uma salinha pequena na garagem, os quartos de cada um.

Profissionalmente, concentrei forças no Cage Rage. O evento acontecia na Inglaterra, e eu já havia estreado com vitória meses antes da luta contra Chonan. Um conhecido meu, Alex, era minha ponte. No Cage Rage, eu recebia meu dinheiro diretamente dos promotores do evento. Só então pagava a porcentagem do Alex, que era de 5%. Quando estava na Chute Boxe não era assim. Eles recebiam o dinheiro dos promotores e entregavam minha parte em separado.

Acertei minha volta para o Cage Rage. Pedi que colocassem um cara que treinava comigo, Urutum, para lutar. Falaram que não dava para pôr os dois. Minha bolsa era de US$ 15 mil. Pedi US$ 20 mil e propus que tirassem US$ 10 mil da minha parte para meu amigo. O dono do evento concordou. Conquistei minha segunda vitória na Inglaterra em combate contra Jorge Rivera.

Algum tempo depois, estava para realizar minha última luta no Cage Rage. Não havia contrato, era tudo na base da confiança. Joinha e Ed haviam conversado com o presidente do UFC, Dana White, para que eu passasse a lutar lá. Joe Silva, matchmaker (responsável pelo "casamento" das lutas) do UFC, disse que se eu perdesse iria me complicar. Sua sugestão era que não lutasse no Cage Rage. Joinha me ligou: "Não luta, não luta, é desnecessário. Não precisa." Eu não quis saber:

– Dei minha palavra de que vou lutar. Depois decido se vou para o Ultimate. Não vou quebrar a palavra.

– Não faz isso, agora não é hora – suplicou Joinha.

– Vou lutar. Se perder e não me quiserem, problema deles. Estou aqui, uma derrota não vai mudar muita coisa, continuo lutando por aqui. Não quero saber se é Ultimate ou não – insisti.

– Mas é o melhor evento... – implorou Joinha.

– Estou bem aqui na Inglaterra, ganho meu dinheiro, sustento minha família. Não estou incomodando ninguém – reiterei.

Havia colocado em risco minha ida para o UFC. Quando dou minha palavra, não interessa o que aconteça: vou cumpri-la. Se falar vamos fazer, vamos fazer. Deu errado, deu errado, tudo bem. A gente tentou, a gente está junto. Procuro passar essa atitude para meus filhos. Mandei fazer medalhões com seus nomes e a data de seus aniversários. Atrás está escrito: "Bad Boys Forever, Crescemos Juntos e Morremos Juntos." Acredito que é preciso ir até o final, não importa o que vai acontecer. Um amigo está errado? O esporro fica para depois. Fico com meus amigos até o final.

Fora isso, eu me sentia feliz no Cage Rage. Mesmo ganhando pouco, minha cabeça estava tranquila. Tinha possibilidade de ajudar os amigos. Financeiramente, a diferença não era tão grande. No Cage Rage recebia US$ 15 mil por luta. No UFC seriam US$ 20 mil pelo primeiro combate, mais US$ 20 mil pelo segundo e US$ 20 mil pelo terceiro.

Uma outra coisa concorria para que não estivesse com a cabeça no UFC. No último compromisso pelo Cage Rage, havia um olheiro japonês. Encontrei com ele pouco antes de enfrentar Tony Fryklund. O olheiro me informou:

– Você pode voltar para o Pride. Depende do resultado de hoje.

Voltar para o Pride não seria mau, era um território conhecido. Após vencer Fryklund, fui conversar com o olheiro. Ele me deu uma desculpa esfarrapada. O Pride morreu de vez para mim. "Quer saber? Não preciso disso. Em último caso, fico aqui, onde as pessoas me valorizam", pensei. Até me ofereceram morar na Inglaterra naquela época.

A história do Cage Rage era interessante. Os donos, Alex Jones e Tom Bell, iniciaram a promoção sem grandes planos. Queriam dinheiro para comprar colchonetes para sua academia. Com o tempo, passaram por lá talentos da casa como Michael Bisping, um dos melhores ingleses a lutar no UFC, Ian Freeman e James Thompson, além de Vitor Belfort e eu, entre outros.

Ainda guardo lembranças muito boas daquela época. Um de meus nocautes mais bonitos aconteceu justamente sobre Tony Fryklund. Desferi um soco, ele desviou e, enquanto eu trazia o braço para trás, encaixei uma cotovelada. De onde deveria vir um soco, veio uma cotovelada. Tudo numa fração de segundo. Minotauro perguntou onde havia aprendido aquele golpe. Falei que foi num filme. Ele coçou a cabeça e até hoje não sabe se eu estava brincando. Ninguém sabe.

Expliquei aos donos do Cage Rage que o Ultimate me oferecia um pacote atrativo. Queria saber se podiam aumentar minha bolsa. Responderam que seria impossível, o evento não era tão grande. Ficaram tristes, mas me liberaram para fazer o que fosse melhor. Foi pena. O Cage Rage tinha bom potencial. Anos depois, em 2007, foi comprado pela Elite XC, companhia de MMA mal gerenciada que faliria no ano seguinte.

Eu ainda era desconhecido do grande público e podia entrar em pequenas confusões sem que o caso chegasse aos jornais ou TVs. Aconteceu uma vez. Uma última vez. Estava a caminho de casa para o casamento de um sobrinho em Curitiba quando meu carro deu pau. Tive de chamar o guincho da seguradora. Ao mesmo tempo, avisei à concessionária. Eles me levaram outro carro enquanto o socorro chegava. Expliquei que não precisava mais do guincho e uma discussão teve início:

– Se não vai usar o guincho, tem de pagar pelo chamado – falou grosso o homem do guincho.

– A seguradora vai pagar. Você não vai ter prejuízo – argumentei com toda a calma do mundo.

– Vai pagar! Tem que pagar! – falou ainda mais grosso o sujeito.

– Vamos parar com isso. Não quero problema – contemporizei, enquanto me dirigia para o carro.

O motorista do guincho então me puxou pela camisa. Nem titubeei. Apliquei de imediato um "telefone" e um chute nas pernas. Ele gemeu.

– Olha só o que você fez, não precisava – choramingou o motorista arrependido do guincho.

– Você é que não precisava ter feito isso. Agora vai sair com a orelha quente e um chute na bunda – finalizei o papo depois de quase finalizar o homem do guincho.

Já disse que nunca começo uma briga, mas achei que o motorista recebeu o que merecia. E se tivesse encrencado com alguém que não soubesse se defender ou fosse muito educado para reagir?

Arquivo pessoal

Capítulo 8

CAMPEÃO NO UFC

Eu havia chegado ao UFC! Minha luta de estreia seria contra o americano Chris Leben, participante da primeira temporada do reality show "The Ultimate Fighter". Era uma espécie de "Big Brother Brasil" em que as eliminações não eram definidas por votação, mas por combates entre os integrantes da casa ao final dos episódios.

Leben, cabelo tingido de vermelho, era forte e falastrão. Não tinha a melhor técnica do mundo. Era conhecido por ser um cara duro, brigador, que aguentava castigo. Nunca havia sido nocauteado ou finalizado, e vinha embalado por cinco vitórias consecutivas.

Eu havia ficado dois meses na Bahia em treinamento de boxe com Dórea. Também estava com o chão afiado por Minotouro, Feijão, Zé Mário Sperry, Arona, enfim, por toda a galera da Brazilian Top Team.

A luta começou sem surpresas. Leben, canhoto como eu, veio com tudo. Queria justificar o apelido de "The Crippler" (o cara que aleija alguém). Não deu a menor bola para minha história ou meus títulos.

Procurei evitar a troca franca de golpes. Tratei de me movimentar ao máximo e de mantê-lo a distância com o jab. A forma desordenada como me atacava o deixava vulnerável ao contra-ataque. Vi que o abalava com meus jabs. Foi em um de seus ataques desordenados que acertei um chute no pescoço. Ele ficou desorientado. Instintivamente, disparei uma combinação: jab, direto de esquerda, golpe de direita e um outro com a direita. O último não o acertou, e mesmo assim ele desabou.

Pensei que a luta tivesse terminado e me afastei. Quando percebi que Leben se levantava, corri de novo em sua direção. Tomei vantagem da posição vulnerável em que se encontrava para encerrar o combate. O "ruivo" era mesmo uma pedreira – resistiu, se levantou e recuou até a grade. Foi seu erro. Aproveitei que o havia encurralado e desferi todos os golpes que desejava. Ele ruiu como um prédio implodido após uma joelhada com a perna direita. Voltei-me em direção a Ed Soares para comemorar. Sabia que Leben não se levantaria. Minha estreia no UFC havia durado apenas um minuto e 49 segundos!

Um dia me perguntaram como um cara que, ao pedir café para a garçonete, manda um "pode me trazer um chocolatinho?", e depois agradece com um "obrigadinho", produz um estrago daqueles em alguém. Respondo que é trabalho. É automático, faço desde criança. No octógono, é como se você fosse um tubarão-branco: sentiu o cheiro de sangue, vai lá conferir. Acabou o trabalho, tudo volta ao normal. Sou um cara educado. Ao menos procuro ser o mais gentil possível com as pessoas. Isso não tem a ver com o que faço no ringue. Mesmo lá em cima, se alguém analisar com isenção, vai reconhecer que sou um cara que costuma respeitar os oponentes.

A atitude de curvar meu corpo em reverência a meus adversários mostra que o respeito pelo próximo, por sua dignidade de homem e de lutador está acima de qualquer disputa. Tenho adversários que se tornaram amigos. Um combate pode levar alguns minutos. Uma amizade ou relacionamento é para a vida inteira.

O pessoal do UFC ficou impressionado com meu domínio sobre Leben. Dana White havia dito que o combate seria uma "guerra". O comentarista americano Joe Roogan valorizou minha vitória: "Silva pegou um cara que tem um queixo de granito e o despachou como se fosse um amador. Foi uma performance fantástica."

Sou um cara privilegiado porque tive chance de lutar na Inglaterra por um bom tempo. Aquela experiência forneceu a base para que me adaptasse bem à grade e às regras do UFC. É diferente lutar no octógono e no ringue. São combates diversos. O ringue oferece mais oportunidades de fuga. Nele, em algumas situações de clinch nas quais se esgrima ou se evita a queda, fica fácil a fuga. No octógono, é necessário desenvolver a própria técnica para não ser derrubado. No ringue, ao se desviar, volta-se para o centro na mesma posição. É diferente no octógono, onde se perde o centro com facilidade. Muitos que foram diretamente do Pride para o UFC não se adaptaram tão bem quanto eu. Perdiam o tempo de retomada da posição.

Naquela noite, Lorenzo Fertitta, sócio do UFC, e Dana White foram a meu vestiário conversar. Prometeram que "em breve" me colocariam para disputar o título. Fiquei feliz, mas não pensei mais nisso.

Nunca fui de dizer "quero enfrentar Sicrano" ou "gostaria de lutar com Fulano". Sempre achei desrespeitoso anunciar que desejava lutar com esse ou aquele, assim como menosprezar as qualidades de quem protagoniza uma história devastadora no octógono. Era o caso do campeão dos médios, Rich Franklin. Franklin era um grande campeão e lutar com ele era uma oportunidade com a qual muitos sonhavam.

O que eu não contava é que Dana e Fertitta cumpririam tão rápido a promessa que fizeram em meu vestiário. Praticava com Minotauro no Rio quando, um mês depois, Ed me ligou para contar que a próxima luta seria contra Franklin. Uma luta pelo cinturão! Fiquei contente, claro. Moderadamente contente, porque já tinha passado por muitas disputas. Lembro de pensar: "Vou treinar e fazer meu trabalho."

Havia assistido a poucos combates de Franklin. Ed mandou novos teipes. Ao vê-los, constatei que Franklin era canhoto e confirmei que seria um bom adversário, apesar de sua invencibilidade no UFC. Retornei a Curitiba para treinar com meu então técnico de muay thai, Diógenes Assahida.

– Vamos caprichar no clinch. É uma coisa que eles não fazem no UFC e irá surpreendê-lo – orientou Diógenes.

Nas semanas que se seguiram treinamos à exaustão. Clinch é quando um lutador, de pé, agarra o outro na curta distância. No meu caso, queria aproveitar para desferir uma sequência de joelhadas.

Nas atividades promocionais para o UFC 64 conheci melhor Rich Franklin. Era um cara educado, centrado, respeitoso. Não houve provocações. Foi um encontro entre dois samurais.

No dia da luta, no vestiário, Ed estava calado. Eu era seu primeiro atleta a disputar um cinturão do UFC. De minha parte, estava tranquilo. Havia passado por muitas experiências. Tudo bem, a luta aconteceria no Mandalay Bay, um dos mais luxuosos cassinos de Las Vegas. É claro que o evento seria grandioso, mas no Pride cheguei a lutar para 300 mil pessoas. Aquilo te prepara para qualquer lugar. No Japão, a gente também tinha de posar para fotos, conceder entrevistas, participar de treinos abertos à mídia. Cheguei ao UFC calejado, preparado para aquilo.

De repente, bateram em nossa porta. Minha luta seria a próxima.

– Let's roll! Let's roll! – convocou o funcionário do cassino.

Eu e minha equipe nos pusemos a caminho do octógono. Ao perceber que Ed ainda estava nervoso, procurei acalmá-lo.

– Não se preocupe. Vou nocauteá-lo rapidinho – disse e dei uma piscada.

"Big" John McCarthy, árbitro do UFC desde os primórdios, nos chamou para o centro. Eu estava concentrado em repetir o que havia ensaiado centenas de vezes nos treinos. Logo no primeiro assalto, após um minuto inicial tenso de estudos, chegou o momento tão aguardado e ensaiado: o clinch! Aproveitei para disparar joelhadas no corpo e na cabeça do campeão. Senti quando uma delas o abalou. Rich não fugiu. Ao contrário, veio para cima. Agarrei seu pescoço e, em novo clinch, acertei um golpe forte com meu joelho direito.

Ele ficou desorientado, abriu a guarda e o acertei com mais dois chutes e uma última joelhada de esquerda. Franklin caiu. McCarthy interrompeu a luta aos 3 minutos e 57 segundos. Eu era o novo campeão dos médios do UFC! Conquistei o cinturão aos 31 anos. Ele está comigo desde então, mais de cinco anos e 12 combates depois!

Apesar da comemoração, eu sabia que tinha quebrado o nariz de meu adversário. "Puta merda, caramba! Quebrei o nariz do cara...", pensei, quando percebi o que havia acontecido.

Por mais duro que pareça, trabalho é trabalho. Torcia apenas para que estivesse tudo bem. Fiquei triste por tê-lo machucado. Sua mulher estava na plateia. Saí com o rosto limpo. Ao encarar a face do americano, pensei que teria sido melhor uma decisão por pontos. Ou se tivesse acertado um soco ou chute daqueles em que o cara apaga. O derrotado cai, mas não sofre nem se machuca muito.

O ex-campeão pediu a revanche e foi a hora de devolver toda a sua gentileza.

– Claro, darei a revanche com todo o prazer – prometi.

Alguns meses depois, Franklin voltou a lutar. Venceu o combate e estava pronto para me enfrentar novamente. Subi ao ringue e oficializei o que já havia dito:

– Vai ser uma honra lutar com você de novo.

A revanche foi na cidade dele, Cincinnati. O pessoal do UFC disse que naquela noite não havia um só fã de Anderson Silva no ginásio. Eles estavam certos.

Venci de novo, a um minuto e sete segundos do segundo assalto. O público vaiava quando Franklin, sempre cavalheiro, pegou o microfone:

– O cara foi melhor. Temos de aceitar e respeitar o novo campeão.

Havíamos criado uma afinidade, um respeito mútuo. Nem comemorei minha vitória. Fiquei triste porque ele se machucou de novo. Até chorei. Fiz questão de ir a seu vestiário cumprimentá-lo. A partir daí, conversávamos sempre que nos encontrávamos. Torcia para que vencesse suas lutas. Ficava feliz quando acontecia.

Até que ele foi lutar com Wanderlei. Não queria que o combate tivesse acontecido. Fiquei surpreso quando me pediu para treinar com meu time. Não podia negar. Franklin foi treinar comigo, com Rafael Feijão, Fabio Maldonado, que veio do boxe, com todos os meus amigos em Los Angeles. Dei uns toques sobre como deveria se movimentar como canhoto, sobre o posicionamento das mãos. Acho que as dicas ajudaram na luta com Wanderlei, mas foi tudo muito rápido. Ele o derrotou e eu fui criticado por permitir que praticasse conosco.

Regis Filho / Valor / Folhapress

Capítulo 9

UM NOCAUTE FORA DOS RINGUES

Acumulava vitórias em minha carreira no UFC. Em um momento de férias no Brasil, já campeão, acompanhei meus filhos Gabriel e Kalyl a um campeonato de submission fight. Tive uma ideia enquanto dirigia: peguei uma bermuda no carro, cheguei ao local da competição e pedi para me inscrever. A ideia não era promover o evento. Apenas sentia falta de participar desse tipo de torneio e queria lutar para meus filhos. Competi, ganhei na minha categoria e voltamos para casa. Os momentos com a família ainda não rolam na quantidade que gostaria. Mas isso não impede que sejam vividos com intensidade.

Por falar em família, um dia tive oportunidade de devolver um favor a um "irmão". Ouvi Dana e Lorenzo mencionarem o nome do Minotauro. Eu me toquei que tinha coisa boa para ele. Na mesma época, Minotauro estava para fechar contrato com o Pride. Telefonei e o aconselhei a esperar. Ele se reuniu com o pessoal do UFC e acertou com eles.

Minotauro passou a investir nos Estados Unidos, onde montou academias. A primeira foi em Miami, e eu compareci à inauguração. Em meio ao clima festivo, recebo um telefonema de Dayane:

– Anderson, liga para a Sandra! São notícias de sua tia. Ela não está bem.

Minha prima chorava ao telefone. Para não me preocupar, disse que estava tudo bem. Pediu apenas que eu voltasse. Embarquei no primeiro voo para o Brasil. Fui em casa deixar a mala e trocar de roupa e de lá segui para o Hospital da Polícia Militar.

Quando cheguei, dei de cara com Sandra. Ela acabava de descer do quarto. Foi por minutos:

– Dô, acabou de acontecer. Ela só estava esperando que você chegasse. A todo momento perguntava por você, já tinha visto todos os filhos.

Tia Edith tinha muitos problemas de saúde, dentre os quais diabetes e hipertensão. O quadro se agravou com a idade. Fiquei mais sozinho com a morte de minha tia. Ela era a referência de valores e princípios, o norte na condução da minha vida, meu porto seguro. Apesar de casado, pai de família, perdi aquela base.

Eu me lembro da conversa que tive com ela antes de embarcar para Miami. Tia Edith falou sério comigo:

– Você tem que cuidar dos seus filhos e da sua família. Não esqueça tudo o que ensinei. O que vai determinar se você vai se dar bem na vida serão suas atitudes como filho, homem, pai, amigo e irmão.

– Tem umas enfermeiras gatas aqui, hein, tia? – brinquei com ela para descontrair.

Ela riu, mas logo me deu outro conselho:

– Por que não para com esse negócio de luta? Fico nervosa por você. Está na hora de parar. Já fez o que tinha de fazer.

– Fique tranquila, estou seguro – procurei sossegar minha tia.

Ela continuou:

– Outra coisa: quero que você cuide de seu sobrinho, Henrique Júnior.

Henrique é filho de Sandra e era o neto preferido de tia Edith. O pai dele ainda está vivo. Faço questão que conviva com meus filhos. Ele é muito próximo de Kalyl.

Fiz um pedido em tom de brincadeira para disfarçar minha própria apreensão e desanuviar um pouco a tensão:

– A senhora trata de melhorar logo para fazer um feijão e uma torta de banana pra mim.

Ela riu de novo. Foi a última vez que nos falamos. Ligava para saber como estava e o médico dizia um dia que melhorava, no outro que piorava... melhorava e piorava.

O enterro foi num dia ensolarado, luminoso, como acho que ela gostaria. Kalylzinho e Kaory, apegados a tia Edith, choraram muito, assim como Dayane e meus primos. Fiquei algumas horas a sós com ela depois do enterro. Também fui muitas vezes sozinho ao cemitério. Pouca gente sabe disso. Sentava e conversava, pedia que me ajudasse. Até hoje converso com minha tia. Nos momentos de dúvida, quando não sei que decisão tomar, procuro adivinhar o que ela diria.

Tenho uma foto de nós dois na minha cabeceira. Reparei outro dia como éramos parecidos. Mesmo que minha tia fizesse o tipo Big Mama e eu fosse magrinho. Todo mundo fala que somos idênticos, que não tenho nada a ver com meu pai e com minha mãe biológicos.

Mesmo depois de sua morte, minha tia está sempre comigo.

Lailson Santos / Abril Imagem

Capítulo 10

UMA LEMBRANÇA DE ALI (E LISTON)

A luta com o brasileiro Thales Leites colocava em jogo mais do que o cinturão de campeão. Era minha oportunidade de quebrar um recorde do octógono que remontava à época de Royce Gracie (o americano Jon Fitch igualou mais tarde sua marca). Se vencesse, seria o lutador com maior número de triunfos consecutivos no UFC: nove. Também empataria com o meio-médio Matt Hughes e com o meio-pesado Tito Ortiz em defesas com êxito do cinturão do UFC (cinco).

Foi a primeira vez que tive de lutar todos os cinco assaltos no UFC. Ao longo de 25 minutos, houve mais vaias do que aplausos no Bell Centre, em Montreal, Canadá. Tive de ouvir que foi uma luta sem graça, emoção ou ação. Os fãs nem sempre entendem o que acontece no octógono. Meu adversário era formado pela Nova União. Thales é um atleta que sempre respeitei, assim como sua equipe, apesar de não ter contato direto com a Nova União do Rio. Havia aquela coisa de "vou lutar com o Thales, ele é da Nova União, treinei na Nova União". Lutamos, mas respeitei o Thales por ele ser da equipe onde desenvolvi meu jiu-jítsu. Foi lá que cheguei a faixa marrom. (A preta, como já relatei, veio com Minotauro.)

Dana não gostou da luta e, como "castigo", me escalou para enfrentar Forrest Griffin. Griffin é de uma categoria mais pesada, a dos meios-pesados, da qual já havia sido campeão. A plateia fez coro quando Griffin adentrou o octógono do Wachovia Center, Filadélfia:

– Let's go, Griffin!

Não precisei procurar Griffin, que abriu a luta com chutes e jabs em minha direção a fim de medir a distância. Ele me acertou um primeiro chute forte, e eu desfechei um golpe também potente com a mão direita. A luta teria acabado se pegasse em cheio. Pouco depois, acertei uma direita. Esta, sim, pegou pra valer! Ele foi ao chão. Griffin mostrou que era valente: levantou e me atacou. Pude me esquivar de todos os golpes. Logo o derrubei com outro soco, desta vez de esquerda. Ele se levantou de novo e veio para cima. Enquanto caminhava para trás, acertei mais um golpe de direita que o atirou de costas ao chão. Enquanto me aproximava para prosseguir com o ataque, o juiz Kevin Mulhall encerrou a luta, aos 3 minutos e 23 segundos. Até hoje é um dos meus pontos altos no UFC. Muitos duvidavam que eu venceria um rival mais pesado e ex-campeão.

Para mim não foi surpresa. Treinei muito. Tenho um grande exemplo que é o ex-campeão mundial dos pesos pesados Muhammad Ali. Sempre revejo suas lutas e as do ex-campeão mundial meio-pesado Roy Jones Jr. Sempre. Vi as lutas de Ali contra Joe Frazier e George Foreman. Já as de Roy Jones, assisti a todas.

Enquanto me preparava para enfrentar Griffin, eu colocava um computador aqui, outro ali e, na televisão, o vídeo das lutas de Forrest. Eu pausava a imagem e olhava, pausava e olhava. Falava para mim mesmo que ia lutar da mesma forma que Ali e Roy Jones. Os caras tinham a habilidade de mexer com a cabeça dos adversários. O psicológico de Griffin foi abalado por meu jogo de pernas, a cabeça, o gingado do corpo, as mãos baixas. Tudo isso mexeu com Forrest. Ele não conseguiu achar o ponto certo para conduzir a luta para seu jogo.

A luta me marcou também por uma coincidência. Gosto muito de uma foto do combate em que Ali tomou o título dos pesados de Sonny Liston. Muhammad Ali está de pé, Liston no chão. Uma fotografia muito parecida me mostra de pé com Forrest no chão. Eu olho para ele de um jeito que lembra o olhar de Ali para Liston.

A luta foi especial também fora do octógono. Sem patrocínio e ignorado pela grande mídia, eu havia tomado a decisão de contratar um profissional talentoso para cuidar de minha imagem. Com esse objetivo, convidei Hebert Mota para assistir ao combate. Ele gostou do que viu e passou a trabalhar comigo. Foi a primeira vez que alguém de fora do mundo das lutas ingressou na equipe. Hebert está comigo até hoje.

Meu adversário seguinte, oito meses depois, na primeira programação do UFC em Abu Dhabi, seria um compatriota. Vitor Belfort estava escalado, mas se contundiu. Trouxeram outro brasileiro, Demian Maia.

Prefiro enfrentar lutadores de outros países. Nesse caso não se divide a torcida brasileira. Meu técnico de boxe, Dórea, que treinava os dois, preferiu não trabalhar nessa luta. Como se não bastasse, Demian falou algumas coisas que me deixaram aborrecido:

– Aranha tem oito pernas. Vou pegar uma dessas pernas e levar para casa.

A ideia era promover o combate. O problema é que praticamos um esporte de contato. O que se fala antes é levado para o octógono. A luta é uma das coisas mais antigas que temos. Quando os samurais se enfrentavam, eles se respeitavam muito. Não promovo um combate com agressividade.

Para piorar, ele disse que me respeitava como lutador, não como pessoa. E eu mal o conhecia! O contato se deu numa época em que Vitor Belfort estava em São Paulo e fui ajudá-lo. Demian fazia parte da mesma equipe. Foi um treino rápido, não houve tempo para nos conhecermos. Mesmo assim, considerava-o um grande lutador, com destaque para sua técnica em combate no solo. Havia sido campeão, em 2007, do Submission Wrestling Combat Club, em Abu Dhabi.

Sua atitude desrespeitosa ainda ecoava em minha mente. Lembrei de uma luta de Roy Jones em que seu adversário também havia sido verbalmente agressivo. Em um dos assaltos, Roy Jones se afasta, abaixa as mãos e se encosta no canto do ringue. Ele chama o oponente, que desfere alguns golpes a esmo, não o acerta. Não sou Roy Jones, nem Muhammad Ali. Sou Anderson Silva, e os esportes são diferentes. Mas os dois eram e continuam a ser minhas referências. Decidi fazer igual com Demian. "Vou bater e deixá-lo frustrado. Bater de uma maneira que ninguém nunca vai bater nele, espancá-lo de uma forma que ninguém nunca espancou. Vou mexer com o psicológico", pensei comigo antes do combate.

Foi o que aconteceu. Derrubei-o com chutes nas pernas. Chamei-o para a briga por toda a luta. Batia as mãos, abria os braços, batia no próprio rosto, pedia que viesse para o embate franco e direto. Vencia, mas havia perdido o foco. Em dado momento, retornei ao corner e não encontrei uma referência nos treinadores. Pensei em tudo o que havia acontecido até aquele momento, no fato de haver extrapolado e disse para mim mesmo ainda no corner: "Preciso voltar, estou sem foco. Está tudo errado, estou fazendo tudo errado."

É interessante o que passa pela cabeça durante uma luta. Muitas vezes, a gente vê nos filmes que, em certos momentos da luta, o cara visualiza a imagem do mestre. O mestre fala com ele como havia feito nos treinos. Foi o que aconteceu comigo. O que me trouxe de volta quase no fim foi a memória de meus treinadores, a filosofia de muitos deles. Meus mentores estavam ali me trazendo de volta. Foi engraçado porque pensei em meu amigo Katel, já citado. Ele era bastante concentrado, não perdia o foco. Sempre tive admiração por ele em razão dessa capacidade de concentração, por ser muito zen, um verdadeiro samurai. Cheguei a me perguntar como Katel agiria naquela situação.

O juiz chegou a dar um sorriso e a me empurrar. Meu objetivo não era fazer palhaçada. Nada do que aconteceu na luta com Demian foi palhaçada. Eu apenas jogava meu jogo. O desrespeito que antecedeu o combate me cegou a ponto de quase turvar meus sentidos, minha capacidade de concentração e mesmo de execução da estratégia. Ouvi a voz do Katel nas vezes em que estivemos juntos, quando esteve no meu corner. Foi o que me trouxe de volta. "Que bom, consegui voltar!", pensei. Mas a luta já estava no final. Acabou.

No calor da batalha, fiz apenas parte do que tinha de fazer. O resultado foi positivo porque venci sem desrespeitar as regras.

O que antecedeu a luta me levou a assumir aquela atitude. Errado? Até certo ponto, porque se tivesse nocauteado Demian não teria sido errado. Aos olhos de Dana e de outras pessoas que estavam lá, e até para os fãs, teria sido legal. O cara esculhambou, mas o cara nocauteou. Não fiz nada que não estivesse na regra, fui superior e lutei dentro das normas. E, o mais importante, os jurados viram minha vitória por 50 a 45, duas vezes, e 49 a 46 pontos.

Após o anúncio oficial, cumprimentei Demian e pedi desculpa. Na entrevista coletiva depois da luta, Dana afirmou:

– Não sei o que dizer. Acho que nunca fiquei tão envergonhado em 10 anos nesse negócio.

Não ficou só nisso. Dana olhava para mim e me criticava duramente. À época, meu inglês não era como agora. Até comentei com meu empresário: "Se na coletiva, quando começou a falar, eu entendesse tudo o que dizia, teria me levantado e o deixado falando sozinho. Ele nunca tomou um soco, não sabe o que é treinar machucado, não sabe o que é perder peso para lutar e ficar quase 24 horas sem comer ou beber água. Nunca passou por isso", desabafei então.

Pouca gente sabe o que é tomar uma chave e luxar o braço, o que é lutar com uma costela trincada, ombro machucado, nariz quebrado, filho no hospital, mãe no hospital. Eu sei.

Foi como depois da luta com o Thales: "Não gostei da luta, a luta não foi boa." Fiquei chateado ao fim do combate com Maia. Quem entende de luta sou eu, faço isso desde os 8 anos. Dana entende do que está acontecendo fora, de pay-per-view, público, audiência, patrocinadores. Meu trabalho é alcançar o melhor resultado: vencer.

Hoje tudo está muito bem resolvido. Adoro o Dana, tenho um respeito muito grande por ele, pelo Lorenzo, pelo Joe Silva, pessoas que me trataram sempre muito bem. Ninguém sabia o que estava por trás de tudo aquilo. Fui tachado de arrogante, prepotente, disseram que não merecia ser campeão. À noite, pensei naquilo sem parar. Liguei para minha esposa:

– A luta foi ruim, preciso ver onde errei.

Ao rever o combate, percebi que havia perdido o foco e a concentração, esquecido a filosofia da arte marcial e as habilidades que desenvolvi durante minha trajetória. Parei, pensei, analisei. Foi uma valiosa lição da qual fiz uso em minha luta seguinte.

Landry Major / Getty Images

Capítulo 11

UMA VITÓRIA PARA OS IRMÃOS NOGUEIRA

Meu próximo desafiante seria o americano Chael Sonnen, especialista em wrestling. É um cara que procura levar os rivais para o chão, onde não para de castigá-los. Dana White explicou, ao anunciar a luta, que Sonnen não me deixaria à vontade para repetir o ocorrido no combate com Maia e afirmou que viria para cima de mim.

E ele veio para cima bem antes de subirmos ao octógono. Meu novo rival falava demais. Ele parecia estar em todos os lugares: programas de TV, rádio, internet, entrevistas coletivas, eventos promocionais. O tema era sempre o mesmo: eu.

Sonnen disse que havia pedido a Dana White que me mantivesse na companhia para que pudesse livrar o UFC "desse câncer". Meu costume de inclinar a cabeça em respeito aos adversários foi ridicularizado. Segundo ele, se alguém faz esse gesto no Brasil, é atingido na cabeça e roubado. Uma agressão no mínimo incoerente, por vir da boca de quem se autoproclama um "gângster de Portland".

Também fez pouco de meus adversários anteriores. Falou que eu não enfrentaria desta vez um professor de matemática de Ohio, como Rich Franklin, ou um canadense de uma perna só, como Patrick Côté.

O nível baixou quando afirmou que eu estaria de costas na lona no dia de nossa luta, mais de costas do que uma atriz pornô endividada. Também procurou colocar a torcida americana contra mim ao sustentar que eu era mentiroso, que sabia falar inglês mas não me importava em fazê-lo para os fãs de lá.

Finalmente, mencionou as últimas pessoas que deveria: Minotauro e Minotouro. Num evento promocional, disse em alto e bom som:

– Grande coisa que Anderson é um faixa preta de jiu-jítsu formado pelos irmãos Nogueira. Um deles é um saco de pancadas, e o outro, irrelevante. A faixa preta (de jiu-jítsu) que ganhou deles vale o mesmo que um brinde que você recebe ao comer num fast-food.

Aquilo mexeu comigo. Os irmãos Nogueira ajudaram a manter meu sonho vivo quando eu estava prestes a desistir. Graças à lição que tive na luta com Demian, absorvi aquilo tudo, desmontei a bomba e me concentrei numa coisa: honrar meu mestre.

– Mestre, vou pegá-lo! Vou puxá-lo para a guarda, pegá-lo no chão! – prometi para Minotauro.

Quem assistiu ao documentário *Como água* deve ter percebido o momento em que prometo a Minotauro que iria finalizá-lo. Minotauro respondeu mais tarde que não seria necessário. Ficaria satisfeito apenas com minha vitória, do jeito que desse, já que a luta em pé me favorecia.

Havia algum sentido em levar a luta para o chão. Sete das derrotas de Sonnen vieram por submissão, a maioria quando pego em um triângulo, estrangulamento com as pernas com auxílio dos braços do adversário ou de chave de braço.

Tudo parecia caminhar bem quando algo inesperado aconteceu a poucas semanas da luta. Fui travar uma queda, caí e trinquei uma costela direita durante um treinamento. "Espero que esteja melhor no dia do combate", pensei de imediato.

Ao rumar para o octógono, vestia um quimono. Aquilo era uma novidade e também uma forma de homenagear Minotauro, Minotouro e mestre Ramon. Steve Seagal me acompanhava. Além de grande ator, é um mestre em aikido e me transmitiu lições importantes sobre técnica. Enquanto caminhava, percebi que Sonnen apontava sem parar em minha direção. E me chamava. Permaneci calmo todo o tempo, impávido, à espera do combate.

Enfim o árbitro Josh Rosenthal nos chamou para o centro. A hora da conversa havia chegado ao fim. O combate começou e procurei evitar as primeiras tentativas de Sonnen de me levar para o chão. Foi por pouco tempo. Logo no início da luta ele acertou um golpe de esquerda que me jogou para trás. "Caramba, estou vendo três", pensei.

Fiquei tonto, mas me tranquilizei um pouco ao pensar que sabia por que havia recebido o golpe. Eu tinha andado para o lado errado e tudo o que precisava fazer era não reincidir no erro. Na hora pensei em dois golpes, o direto ou o cruzado, que poderiam nocauteá-lo. Abaixei a mão para atraí-lo, esperei por ele, que veio, veio... Não sei o que aconteceu, se ele sentiu que eu ia soltar os golpes ou se foi outra coisa, mas Sonnen deu só mais umas poucas investidas e me botou para baixo enquanto eu ainda tentava clarear a cabeça.

Pouco depois já estávamos de pé. Ele atacava sem parar. Bem depressa, me derrubou de novo. Eu estava encurralado contra a grade e tomava socos sem parar. Sonnen tentava me estrangular. Quando comecei a me recuperar, seus golpes me colocaram em perigo outra vez. Ouvi o gongo que encerrava o primeiro assalto. Àquela altura sabia que seria meu combate mais difícil desde a chegada ao UFC.

Ao me levantar para o segundo round, um filme passou pela minha cabeça. Ele exibia repetidamente treinos com Wanderlei. Eu me lembrei de uma ocasião em que estava por baixo e ele me espancou por 15 minutos. Foi num treino com luva grande. Eu tentava raspar, sair de baixo, levantar, e ele me espancava com todo o ímpeto. Sempre que procurava me levantar, Wanderlei me empurrava, desferia chutes e eu era obrigado a me defender. Foram minutos de terror e pânico. Era o auge de Wanderlei no Pride, ele surrava todo mundo. Eu estava com uma luva de 12 onças e ele, por ser mais pesado, com uma de 18 onças. Em teoria, a luva que ele usava devia amortecer os efeitos dos socos. Na prática, as pancadas eram terríveis. Wanderlei ainda distribuía pisões e chutava a cabeça. Eu tinha permissão para fazer o mesmo. Um dia, eu treinava com Wanderlei e aconteceu de acordar no tatame e pensar: "Anderson, se liga! Vale pisão!"

A experiência com Wanderlei me ajudou na luta com Sonnen. Nada do que acontecia era novidade. No segundo assalto, o americano me derrubou outra vez e voltou a desferir muitos socos. De costas no solo, tentei segurá-lo para forçar o árbitro a nos mandar levantar. É o que se faz no UFC quando não acontece muita coisa no chão. Procurei acertar cotoveladas. Tudo em vão. Nada tinha efeito. Ao contrário, parecia que Sonnen ficava mais forte à medida que o tempo passava. Só pensava que era preciso me manter calmo e encontrar uma oportunidade de levantar. Quase no final do assalto, estive perto de prender seu braço. O gongo soou e não houve tempo para mais nada.

A luta estava completamente perdida por pontos. No início do terceiro assalto, minha costela doía tanto que tudo o que podia fazer era girar a cabeça para evitar o impacto dos socos. Minhas possibilidades eram cada vez mais limitadas.

Uma das coisas que eu estava plenamente apto a fazer era pensar. Por isso me mantive o tempo todo ligado. Sonnen não conseguiu tirar minha concentração. Nem mesmo a dor na costela trincada me distraiu. Raciocinava movido pela memória das situações de risco a que estive submetido. Revi a luta mais tarde e constatei que minha fisionomia não se alterou ao longo do combate. Era de fato uma situação-limite. Eu repassava mentalmente os momentos de maior perigo que havia enfrentado e procurava me manter calmo. "Tenho que reviver o espírito Chute Boxe", pensei enquanto caminhava de volta para meu corner.

Graças a Deus fiz aqueles treinos com Wanderlei. Foi o que me salvou. Num dado momento, de um assalto para outro, a câmera me flagrou de costas. Eu fazia exatamente o que Wanderlei fazia. Balançava a cabeça e movimentava o tronco do mesmo jeito. O interessante foi que também me vi imbuído do espírito do Wanderlei, ainda que a lembrança mais viva fosse a de suas agressões no chão.

Por mais contraditório que pareça, me lembro de haver pensado: "Sou Chute Boxe até a morte, nem fodendo ele vai ganhar. O único jeito é me apagando ou finalizando. Ele vai me bater até o final, mas vou encontrar um jeito de pegá-lo. Por pontos não alcanço mais, mas não perdi a luta." E passei a repetir mentalmente para mim: "Não perdi a luta, vou encontrar um jeito de finalizar."

É claro que não sou imbatível, posso ser vencido por pontos. Mas a filosofia da Chute Boxe era de que o cara podia ter 100kg, 200kg, o cara podia ser mais forte, melhor, mas ele tinha dois braços e duas pernas, e quem tivesse mais vontade venceria. As grandes forças da Chute Boxe eram essa abordagem psicológica e a agressividade. Havia uma garra, uma vontade de vencer e um instinto de não desistir nunca e de não se abalar com nada.

Todo atleta que passou pela Chute Boxe recebeu isso de bom. A tenacidade e a negação permanente da derrota, a fé inabalável na própria capacidade de superação e de reação com certeza já estavam dentro de mim bem antes da Chute Boxe. Mas sei que aprimorei essa percepção do combate, da perseverança e da vontade interior de triunfar mesmo quando tudo parecia estar perdido.

De um momento para o outro, eu simplesmente me convenci de que terminaria a luta com um triângulo. Eu me convenci daquilo. Coloquei na cabeça, me imbuí dessa ideia e me preparei para encontrar a oportunidade de executar o que tinha em mente. "Foi assim que Demian o venceu no UFC 95", pensei. Vou fazer o mesmo. "Seu pulso", repetia para mim. "Preciso segurar seu pulso. Vou finalizá-lo com um triângulo", era esse o meu mantra.

Estava exausto mas não abria mão daquela voz interior: "O triângulo! O triângulo! Pega o pulso dele!"

Eu procurava induzi-lo a manter os braços no meio das minhas pernas. Só não podia chegar ao triângulo perfeito a ponto de finalizá-lo porque estava com a costela trincada e ele ainda tinha muita energia, uma energia que parecia se renovar ao invés de diminuir. Tratei de economizar minhas forças. Absorvia os golpes e direcionava minha atenção para a oportunidade que esperava.

Finalmente, no quinto e último assalto, acertei um soco. Acertei em cheio, com forças vindas não sei de onde. Sonnen apagou por uma fração de segundo, voltou, mas ficou tonto. Minha hora havia chegado: o triângulo! O triângulo que me daria a vitória! E ele veio, a menos de um minuto do fim do combate. Eu finalmente havia conseguido: encaixei o triângulo e ele bateu.

Foi a grande virada da minha carreira e talvez uma das maiores de todos os tempos. Venci porque não deixei minha concentração ir embora e minha confiança escapar. Eu estava com muita dor e em ampla desvantagem. Mas tinha um trunfo: a força da minha mente. Venci com a cabeça, mais do que com meus punhos e golpes.

As pessoas não conseguem reparar no vídeo da luta porque foi muito rápido. O que criou a oportunidade foi o soco que desferi de baixo para cima. Ele fez tanta força do começo do assalto até o final, na posição em que estava, curvado para baixo, que não tinha mais energia para levantar o tronco e tirar o braço. Eu sentia o tempo todo a respiração dele em cima de mim e percebia que ele já estava ofegante. Foi quando disparei o soco e ele abaixou a cabeça.

Lembrei dos treinos, do dia a dia com Minotauro. Pensei: "Tenho que fazer como o mestre." Não sei se os outros lutadores têm isso, é como se fossem flashes. Ao longo de um combate lembro de detalhes dos treinos, dos ensinamentos, das palavras dos professores. A luta acontece em câmera lenta. Ao encaixar o triângulo e pegar o braço, o primeiro movimento que fiz, como a gente aprende no jiu-jítsu, foi virar o polegar dele para cima para ter a alavanca do braço. Ele apagou quando encaixei o triângulo e o braço estalou. Ele voltou nessa hora e bateu. Tudo muito rápido. Gritei para a câmera: "Nogueira Brothers, jiu-jítsu!" Fiz o que tinha prometido.

Noguchi costuma falar que toda luta tem pelo menos um momento mágico e que é preciso aproveitá-lo. Pode ser um só em todo o combate, e naquele exato instante não se tem o direito de errar. O professor Dórea entende que, em dado momento da luta, é como se você fosse um atirador de elite. Você tem de respirar e é um golpe só que vai jogar. Não pode errar. Foi o que aconteceu na luta com Sonnen. Tudo o que as pessoas haviam me passado foi o que apliquei naquele momento. Um momento mágico. O soco, primeiro. E o triângulo mágico. Eu tinha apenas aquela saída. Mágica, pura mágica!

Também recordei os combates com Carlos Newton e Alexander Otsuka. Aquelas lutas me proporcionaram segurança para que chegasse aonde cheguei e para que executasse os movimentos que executei contra Sonnen. Nada de novo. Apenas foi necessário reunir e empregar todos os recursos para vencer. Os combates com Carlos Newton e Otsuka, a filosofia da Chute Boxe, os treinos com Wanderlei, uma determinação que vinha muito lá de dentro, do coração, talvez, e uma vontade e um foco que estão bem guardados em algum lugar da minha mente e da minha alma.

Um mês depois de nossa luta foi divulgada uma informação que me permitiu entender por que Sonnen não se cansava, por que vinha cada vez mais forte para o assalto seguinte. Seu exame antidoping apontou níveis elevados de testosterona e estrogênio, indicativos do uso de esteroides anabolizantes. Comentou-se que ele seria suspenso por um ano, mas a pena acabou reduzida para seis meses. Ao levar em conta que esse é mais ou menos o intervalo entre uma luta e outra, Sonnen não foi castigado.

Após vencer sua luta seguinte, contra Brian Stann, ainda no octógono, Sonnen me desafiou para uma revanche. Um cara como ele, que caiu no doping, que não respeita ninguém, que fala coisas que não deve em um evento como o UFC – assistido por crianças, mulheres e idosos no mundo inteiro –, enfim, um cara como esse não merece revanche. O que ele merece é ser ignorado.

Em nome do espetáculo, no entanto, a revanche vai acontecer. Falaram em organizá-la nos Estados Unidos. Sou brasileiro, ele é americano. Lutei com ele em solo americano uma vez. É justo que venha lutar comigo no Brasil. É muito mais do que devia ter.

Os americanos são patriotas. É bom para eles ter um brasileiro lutando por lá? É. É bom para eles ter um brasileiro campeão? Não sei. Como brasileiro, tenho minhas dúvidas. Independentemente de qualquer coisa, sempre torcerão para um americano. Sou negro, brasileiro e desembarquei nos Estados Unidos para competir num evento americano. Venci todos os americanos que puseram na minha frente. Ninguém me tira da cabeça que são superpatriotas e querem ver um ídolo americano derrotar um brasileiro. As palavras dele procuram jogar com isso: "O cara vem aqui nos Estados Unidos, vence um americano. Ele fala inglês, mas não se submete, não fala porque não quer." É o que os americanos em geral pensam. Não falo inglês fluentemente, falo o que posso falar.

Ele só não vai me fazer cair na armadilha de converter a revanche num duelo entre Brasil e Estados Unidos. Tenho muito respeito e gratidão pela forma como os americanos me recebem por lá. São milhões de fãs naquele país. O combate é entre dois lutadores, não entre dois países. Praticamos um esporte individual.

Até o momento, ignorei cada provocação. Podia ter subido ao ringue para aceitar seu desafio. Não o fiz porque não é do meu feitio bater boca com ninguém. A filosofia da arte marcial, no seu sentido mais puro, prega o respeito ao adversário. Eu me tornei o campeão que as pessoas admiram porque respeito meus oponentes antes, durante e depois de um combate.

Assim será sempre. Devo isso a meus mestres.

Almeida Rocha / Folhapress

Capítulo 12

UMA PARCERIA FENOMENAL

Um dia recebi a notícia de que Ronaldo queria me ver. Ele tinha a ideia de criar uma empresa de comunicação focada em marketing esportivo e eu seria o primeiro cliente.

– O quê? Ronaldo, o "Fenômeno"? O craque do Timão? O maior artilheiro das Copas? – eu indagava, atônito.

Fiquei apreensivo. Já o tinha visto, estivemos juntos em alguns eventos. Só não havíamos conversado. Apesar de mais velho, sempre tive Ronaldo como exemplo. Sua trajetória de superação no esporte, seu talento e sua dedicação são inspirações para qualquer atleta. Acompanhava seus jogos pela TV, especialmente nos tempos de Espanha e Itália. E, claro, ainda mais de perto quando se tornou o camisa 9 do Corinthians. O que não desconfiava é de que minha história se confundiria com a dele em outra grande área de sua vida, agora vestindo a camisa de empresário.

Chegou o dia em que nos reuniríamos. Pensei comigo: "Vou encontrar o Ronaldo! Que postura devo adotar? Será que consigo separar o fã do profissional?"

Tudo isso passava pela minha cabeça enquanto seguia para o

encontro. Nem tive tempo de amarelar ou gaguejar. Ronaldo se mostrou um cara muito simples, foi logo quebrando o gelo:

– Essa vozinha fina aí... Não tem esse negócio de lutador aqui, não! Eu bato mais do que você!

Estava tão feliz que nem falamos de futebol. As energias bateram, ele é um líder nato. Também tive enorme empatia pelo Marcus Buaiz, seu sócio. A 9ine foi muito importante na difusão da marca "Anderson Silva". Meu nome realmente adquiriu dimensão nacional e se tornou maciçamente reconhecido em meu país. Fechei contratos que me proporcionaram maior tranquilidade para me dedicar aos treinamentos e continuar a competir em alto nível.

Acima de todo o aspecto empresarial, lá encontrei amigos. Ficamos muito tempo juntos quando gravei um comercial em Los Angeles. Ronaldo permaneceu por lá ao longo dos três dias de trabalho. Nós saíamos para jantar, íamos ao shopping juntos. Já perguntei quando vamos jogar uma partida de futebol. A verdade é que não jogo nada. Ele provavelmente vai me dar uma caneta e disparar alguma coisa do tipo:

– Vai lutar, que de bola você não sabe nada!

* * *

Agora posso dizer que somos amigos antes de qualquer outra coisa. Frequento a casa do Ronaldo e a do Buaiz, saímos para jantar quando estamos em São Paulo. Numa dessas ocasiões aconteceu uma coisa que me emocionou. Fomos a um restaurante de classe média alta paulista e de repente, quando voltei do banheiro, todo mundo me aplaudia. É incrível como as manifestações de carinho se sucedem no Brasil, e eu tenho certeza de que meu nome se tornou mais conhecido graças ao trabalho que a 9ine tem desenvolvido para a marca "Anderson Silva".

O curioso foi que tudo aconteceu meio por acaso, por conta de uma entrevista que concedi para a Bus TV. Fabinho, responsável por essa programação para ônibus, é filho de Sérgio Amado, da agência Ogilvy. Amado, por sua vez, integra o grupo WPP, sócio da 9ine. Foi por intermédio de Sérgio Amado que cheguei ao Ronaldo. Lembro claramente que assinei contrato com a 9ine num sábado, mesmo dia em que, à noite, embarcaria para os Estados Unidos.

Antes de minha luta seguinte, eu era contratado da 9ine. E tinha como empresário um ídolo de muitos anos.

Josh Hedges / Zuffa LLC / Getty Images

Capítulo 13

A LUTA DO SÉCULO ACABA RÁPIDO

A "luta do século" havia chegado. Eu teria como adversário o brasileiro Vitor Belfort. Ainda hoje, Belfort é um nome que as pessoas associam ao UFC. Em sua estreia, no UFC 12, Vitor venceu dois adversários, Tra Telligman e Scott Ferrozzo, em 2 minutos. Ele tem mão pesada para o boxe e é faixa preta de jiu-jítsu formado pelo mestre Carlson Gracie. Desde sua estreia, a carreira de Vitor passou por muitos altos e baixos, incluindo um título de campeão meio-pesado do UFC no auge da forma.

Seu nome já estava inscrito na galeria dos campeões quando foi anunciado nosso combate – um combate que não devia ter acontecido. Eu considerava Vitor um amigo. Cheguei a sair da minha casa, deixar minha mulher e meus filhos para ir até sua cidade quando ninguém queria apoiá-lo. Fiquei num lugar sem estrutura e fiz o que podia para ajudá-lo a ganhar sua próxima luta. O adversário seria Alistair Overeem, num combate pelo Pride. Belfort foi derrotado ao tomar uma guilhotina, estrangulamento aplicado de frente para o adversário.

Depois daquela luta, Belfort foi treinar com o Nogueira Team. Minotauro é um cara fantástico, de coração aberto, e o deixou treinar em nossa academia apesar de Vitor ter fechado algumas portas em lugares pelos quais havia passado. Alguns atletas foram contra, mas nós o bancamos.

Eu já era campeão do Ultimate quando ele um dia comentou na academia que iria para o UFC disputar o cinturão dos pesos médios.

– Como assim, cara? Você treina aqui na nossa academia e nós já temos o campeão dos pesos médios – protestou meu amigo Rafael “Feijão”.

– Vou disputar o cinturão – insistiu.

O gesto provocou o repúdio de todos, acompanhado do entendimento de que Vitor não merecia estar ali. Não sei exatamente o que se passou depois, mas Belfort parou de ir. Foi melhor. Fiquei muito decepcionado. Minha visão sempre foi a de que um membro do time não desafia outro. Ele é seu parceiro, seu irmão. Um companheiro de equipe, de academia, rema no mesmo barco. Vitor agiu de uma forma que chocou a todos no Nogueira Team.

Continuo a pensar exatamente da mesma forma. Um time é um time, e companheiros de time são parceiros até o fim. No que se refere a Belfort, desejo o melhor para ele. É alguém que luta por nosso esporte, um pai de família como eu. O que passou, passou.

À época do combate, Belfort estava sem lutar havia dois anos. Foi colocado então para disputar o título contra alguém que vinha de uma sequência de vitórias e se mantinha invicto no UFC. O combate foi vendido como a “luta do século”. Para que fosse a luta do século, era preciso que a disputa envolvesse dois oponentes que estivessem no mesmo nível. A verdadeira luta do século seria contra meu clone, brinquei na ocasião.

Luta do século ou não, fomos para o combate. A torcida estava ao lado de Vitor. Chega um momento em que as pessoas querem te ver cair. Muitas vezes alguém se torna inconveniente, uma pedra no sapato. De uma hora para outra, sem que se perceba, todos querem ver sua derrocada. Aconteceu com Mike Tyson, Michael Jordan, Ayrton Senna, Roger Federer, Tiger Woods: "Nós temos que ver esses caras perderem, não é possível." Tudo pelo simples prazer de testemunhar o campeão destronado. No mundo das lutas, não é diferente. O esporte precisa de novos campeões. Um campeão que se recusa a passar a coroa se torna um incômodo.

Vitor é um cara com grande explosão muscular. Seu boxe é muito bom para o MMA. Se puder desferir seus golpes, torna-se perigoso. Faltam a ele habilidade para andar para trás e um recuo mais eficiente. Sabia que teria de induzi-lo a ficar onde precisava para aplicar meus golpes sem correr riscos. Treinei bastante minha distância – joelhada a distância, joelhada projetando, joelhada pulando, golpes de encontro ao direto de Belfort.

Antes da luta fiz o que sempre faço: agi como num dia normal. Fui ao shopping center acompanhado de Kalyl e Ramon. Fiquei tão relaxado que Minotauro foi me procurar lá, preocupado com o horário da luta. Ele me encontrou cheio de sacolas de compras. Voltei eu mesmo dirigindo o Phantom que um amigo tinha me emprestado.

Procuro não pensar no combate quando chega o dia. A ideia é me desligar daquela atmosfera, retirar o chip. Não adianta ficar preso em casa, preocupado. Minha concentração tem de estar no nível máximo no octógono. Nas horas que antecedem o combate, prefiro me distrair um pouco, sair de casa ou jogar um videogame.

Antes de um de meus combates, cheguei a disputar uma partida de tênis. A luta para mim é uma diversão.

Além de toda a história com Vitor, havia uma marca em jogo. Uma vitória faria de mim o campeão com o maior número de defesas de cinturão bem-sucedidas do UFC. Enquanto me dirigia para o octógono, podia ouvir o coro de "Vitor, Vitor" da plateia que lotava o luxuoso hotel-cassino Mandalay Bay, em Las Vegas. Ouvia também as vaias dirigidas a mim.

Começamos nos estudando, depois nos embolamos, caímos no chão e levantamos rápido. Fiquei perto dele, de costas para a grade, dei um passo e juntei as pernas, o que prejudicou meu equilíbrio. Apesar de todo o treino para manter a distância, ele chegou perto mais rápido do que eu imaginava. Belfort disparou então dois golpes que pegaram apenas de raspão. Vitor é inteligente. Só escapei porque havia treinado muito a saída em passo diagonal e passo plano ao mesmo tempo. A partir daí fui capaz de ficar onde precisava para acertá-lo. Não havia margem para erro. Quem mexesse a pedra errada podia se dar mal. Soltei aquele chute na cara e o resto é história. O chute em Vitor talvez seja um dos golpes mais exibidos na TV. A toda hora dou de cara comigo mesmo acertando aquele golpe. Ele caiu. Ou melhor, desabou. Desferi mais dois golpes enquanto Vitor estava na lona. O árbitro brasileiro Mario Yamazaki encerrou o combate. A "luta do século" havia durado 3 minutos e 29 segundos.

O chute frontal que derrubou Belfort era algo que eu praticava desde o início da carreira. O auxílio do mestre Steven Seagal foi decisivo para que aprimorasse minha técnica e alcançasse mais efeito no golpe. Mestre Seagal me levou a disparar o chute com o joelho mais alto, e o golpe ganhou potência.

Vesti logo uma camisa do Corinthians, que sempre carrego na bagagem em minhas lutas. Gritei:

– Ronaldo, estamos juntos e misturados!

Eu não era patrocinado pelo Corinthians quando bati Belfort. Entrei com a camisa porque Ronaldo ainda jogava e enfrentava uma fase difícil. Era aquele período de transição para o fim da carreira. O time também não vinha bem, havia sofrido um revés na Libertadores. O próprio Ronaldo tinha planejado comparecer. Por conta da situação, ficou em São Paulo para apoiar o Timão. Um gesto meu, puramente natural, espontâneo, de torcedor, repercutiu de forma positiva. Não sabia que tomaria a proporção que tomou. Em alguns meses, fui contratado pelo Corinthians.

Fui apresentado por Ronaldo ao então presidente corintiano Andrés Sanchez, de quem ouvi algo que me emocionou:

– Eu nem sabia o que era esse negócio (o MMA). Claro que a opinião do Ronaldo teve um peso, mas você foi contratado porque tem a característica da pessoa que a gente deseja no clube. Quero que faça, não por mim, nem por ninguém, mas por você. Continue a ser quem é, representando da melhor forma seu clube e seu país.

Rafael Andrade / Folhapress

Capítulo 14

O BRASIL DESCOBRE ANDERSON SILVA

"O UFC vai organizar uma programação no Rio, e você vai fazer a luta principal." Apesar de saber que planejavam o retorno do MMA ao Brasil – o primeiro e único card no país havia acontecido em 1998 –, a notícia me pegou desprevenido.

Pode parecer estranho, mas não queria lutar no Brasil. Naquela época, e isso depois mudou, achava que a pressão seria maior com a torcida a meu lado. O adversário apontado era o japonês Yushin Okami. Na ocasião, a mídia se fartou de repetir que Okami havia sido o último a me vencer. É como se faz para promover a luta. Aquela vitória acontecera por desqualificação. Eu não conhecia as regras como devia e acertei um chute considerado ilegal.

Okami não era o adversário que eu mais desejava. Eu sabia que havia uma grande distância entre nós. Às vezes você está mais empolgado, o que não era o caso. Quando isso acontece, é no treino que tem de surgir a motivação. E minha maior motivação é saber que posso fazer o que amo. É acordar todos os dias, olhar para meu corpo e pensar que sou fisicamente perfeito, não tenho problemas de saúde, sou capaz de correr, gritar, pular, enxergo bem, ouço bem. Essa é a maior motivação que um ser humano pode ter.

Tive de me focar para treinar. Havia uma pequena arquibancada na academia do Minotauro. No começo, muita gente acompanhava os treinos. Ficava aquela conversa, pessoas filmando, gravações para programas esportivos. Não gosto de treinar quando há muita badalação por perto. Não é o fato de assistirem em si. Sou capaz de me concentrar com 50, 60 pessoas em volta. Desliga e liga. Quando um atleta treina, ele tem de prestar atenção nas orientações de seu técnico. O problema é que tira foto daqui, conversa dali, e eu mal escutava meu treinador. Nem ao menos entendia quem tinha dito o quê. O risco em situações assim é que seu parceiro se desconcentre e alguém se machuque. As pessoas sabiam onde a gente treinava. Tivemos de tomar algumas providências para que o ambiente não se tornasse um oba-oba. Filtramos o ingresso de curiosos e blindamos a academia.

Toda a preparação aconteceu no Brasil. Ela costuma incluir musculação, que acontece enquanto a academia está aberta ao público. Não há então qualquer prejuízo ao trabalho. Rogério Camões, meu preparador, tem um vozeirão que pode ser ouvido do outro lado da cidade. E o treino é bastante específico, prioriza força e resistência. Rogerão é faixa preta de judô. E fala com autoridade: "Não como bobagem, não saio pela noite, não dou mau exemplo pra vocês, então vamos focar." Ele diz sempre: "O que você quer? A gente chegou até aqui, o que você quer daqui pra frente?"

Na semana da luta, a intensidade cresce. Não me refiro apenas aos treinos. É preciso estar mentalmente focado no combate. Engana-se quem pensa que o trabalho de um lutador se resume ao octógono. Ou quem imagina que depois de um combate os meses seguintes são de férias. Há dezenas de ações com a mídia e participações em campanhas publicitárias para os patrocinadores. Dias antes da luta acontecem o treino aberto, as entrevistas, os compromissos do UFC. É algo a que estou acostumado desde os tempos do Pride. Meus amigos se espantam quando dão de cara com fotos minhas em capas de revistas, apontado como "homem do ano", dando orientações de autoajuda ou dicas de investimentos financeiros. Ou mesmo quando me veem na TV em programas de auditório, ou num videoclipe, ou numa aparição relâmpago em telenovela.

Minha família cobra pelo tempo que dedico às atividades promocionais ou mais ligadas à mídia e à exposição pública. Enquanto minha agenda é organizada, Dayane liga para perguntar quando estarei de volta. São momentos preciosos os que passo com ela, já que fico muito tempo fora do país. No final das contas, todos entendem que os compromissos com patrocinadores são indispensáveis para um atleta de ponta.

Okami é um bom judoca. A estratégia foi treinar força, resistência, aprimorar o condicionamento físico e o jiu-jítsu. Fiz apenas uma manutenção para a luta em pé, de socos e chutes.

A programação do HSBC Arena estava recheada de brasileiros. Uma luta era especial: Minotauro enfrentaria Brendan Schaub, promessa americana. Meu amigo estava bem preparado, mas vinha de uma cirurgia. Fui um dos primeiros a vê-lo quando chegou ao Brasil. Ajudei-o a levar suas coisas para o apartamento. Ele estava de muletas, quadril operado. Pude acompanhar sua preparação. Eu estava apreensivo porque ele precisava daquela vitória para se mostrar recuperado. Queria provar que podia reconquistar o cinturão. Acompanhei sua luta enquanto realizava meu pré-aquecimento. Não tenho vergonha de dizer que chorei muito, emocionado com o nocaute no primeiro assalto, de pé, no jogo do próprio adversário. Seus amigos, os mais chegados, também foram às lágrimas. "Agora está tranquilo, o que vier é lucro. Minha alma foi lavada, vença ou não", pensava comigo enquanto soltava jabs e chutes no ar.

Pouco antes de subir ao octógono, um telão afixado no teto da HSBC Arena exibiu um vídeo preparado pelo UFC com o ranking dos melhores lutadores brasileiros da história da modalidade. Fui colocado como o primeiro da lista, à frente do pioneiro do UFC e primeiro grande destaque, Royce Gracie, herdeiro do clã que criou o Brazilian Jiu-Jitsu e que recebeu uma emocionante ovação ao ser anunciado no evento. Aquilo aumentou a já elevada expectativa em relação a meu combate.

Havia chegado a hora. Adrenalina em alta, o suor escorria pelo rosto enquanto caminhava para o octógono escoltado por minha equipe. Ao menos naquele momento, aquela era uma defesa de título como as outras. Não sentia diferença em relação a combates anteriores.

Iniciamos a disputa. Senti Okami extremamente concentrado. O treino de força estática que havia feito foi importante quando partimos para o corpo a corpo. Ao final do primeiro assalto, acertei um chute na parte de trás do pescoço dele. Meu adversário sentiu o golpe a ponto de se escorar na grade.

Fiquei surpreso ao derrubá-lo com um jab no começo do segundo assalto. Ele se ergueu rapidamente, mas logo acertei outro golpe, dessa vez de direita. Okami beijou novamente a lona. Fui para cima, e o árbitro se viu obrigado a encerrar o combate.

Escalei o octógono em êxtase. A comemoração era inédita para mim. Eu estava diante de uma multidão de brasileiros que aplaudiam, gritavam, procuravam me tocar. Eles cantaram minha vitória junto com o anunciador oficial de ringue do UFC, Bruce Buffer. Era a primeira vez que lutava no Brasil, tratado como ídolo em um evento internacional de ponta. Só naquele momento notei na plateia meu amigo Ronaldo e o empresário Eike Batista, entre outras celebridades.

É estranho, mas na hora não consegui saborear nada daquilo. Depois da luta ainda estava anestesiado. Só quando assisti ao teipe da programação pude compreender a dimensão da festa. Hoje represento essa gente em qualquer lugar do mundo, esteja onde estiver. Ficou claro que podemos sediar outros eventos do UFC no Brasil, não só no Rio, mas também em São Paulo, Minas Gerais, Bahia e outros estados.

No aeroporto, enquanto aguardava o voo para Curitiba, um amigo com quem conversava ao celular estranhou minha voz e o som ambiente abafados que chegavam a seus ouvidos. Meio sem jeito, expliquei que falava de dentro de uma cabine no banheiro do Santos Dumont. Ele riu e perguntou o porquê daquilo. Informei, em meio ao barulho das descargas, que se não fosse assim não poderia conversar. As pessoas me cercavam e pediam autógrafo mesmo enquanto fazia minha refeição ou estava ao telefone.

Tive de me acostumar com o assédio. Um dia arrancaram o celular da minha mão enquanto eu conversava com Kaory. Ela ficou sem entender por que parei de falar no meio de uma frase. Olhei para o lado para ver quem tomara meu telefone e me espantei ao dar de cara com uma senhora de meia-idade.

– Quero seu autógrafo! – exigiu, como uma velha conhecida.

– Estou conversando com minha filha. Por favor, devolva meu celular. Ela pode ficar preocupada – argumentei, ainda espantado, mas com toda a gentileza que consegui reunir.

– Quero seu autógrafo! – insistiu.

Ao perceber que minha interlocutora estava irredutível, cedi:

– Tá certo, mas você devolve meu celular?

Noutra ocasião, falava ao telefone com meu filho. Ele havia colocado um anel no dedo e não conseguia tirar. Eu estava aflito para resolver a situação, enquanto as pessoas em volta clamavam por um autógrafo ou por tirar uma foto comigo. Tudo isso com meu filho aos prantos do outro lado da linha.

Procuro dar o máximo de atenção a todos. Apenas de vez em quando surgem situações em que não é possível. Nem sempre as pessoas entendem.

O carinho é enorme, como já mencionei. E não apenas de anônimos. Há pouco tempo, conheci a presidenta Dilma Rousseff em uma cerimônia de premiação organizada por uma revista no final de 2011. Alguém me puxou para perto dela e logo iniciaram a apresentação: "Presidenta, este aqui é o..."

– Ora, quem não conhece Anderson Silva? – interrompeu a presidenta.

Aquilo me surpreendeu. A presidenta Dilma? Será que é fã de MMA? O presidente dos Estados Unidos, Barack Obama, já se declarou admirador. E, para minha alegria, um dos nomes que mencionou foi o meu.

Ao lutar no Brasil e me tornar agenciado da 9ine, o assédio cresceu. De uma hora para outra, meu nome adquiriu uma dimensão inesperada no meu próprio país. É uma responsabilidade e tanto, e também um motivo de orgulho. Hoje, se pudesse, lutaria apenas no Brasil. Posso não ter gostado muito da ideia no princípio, mas foi uma das coisas mais recompensadoras que já me aconteceram.

Muitas oportunidades interessantes surgiram no Brasil. Até mesmo a de conhecer melhor meu próprio país. Uma delas foi especial: a visita a uma tribo do Alto Xingu. Por iniciativa de um patrocinador, passei um dia inteiro com os índios. Cheguei a lutar huka-huka (luta indígena) com eles. Tive certa dificuldade no início e me preocupei apenas com que ninguém se machucasse. Se o filho do cacique se ferisse, como eu sairia dali?

Brincadeira à parte, não gostei de perceber que os índios vivem com dificuldade. Voltei com a sensação de que estão meio esquecidos. Foi um dia especial, fui muito bem recebido e fiquei comovido de estar em contato com aqueles homens tão cheios de dignidade e desprovidos de vaidade. Foi essa a grande lição, mais até do que aprender um pouquinho da luta que praticam. São pessoas bonitas, que emocionam e de alguma forma nos chamam atenção para os valores que devem nos inspirar. Somos todos seres humanos, não importa a cultura nem as condições de vida. E devemos preservar valores como humildade, despojamento, respeito à natureza e ao próximo. Muitas vezes a vida nos lança num mundo em que esses valores podem se perder. A visita ao Xingu foi um mergulho dentro de mim mesmo. Apenas gostaria de sair de lá com a certeza de que os índios estão bem amparados no Brasil. Infelizmente, não foi essa a minha percepção.

Espiritualmente falando, seja numa aldeia ou numa metrópole, o calor humano e o carinho que recebo do povo brasileiro proporcionaram alguns dos momentos mais felizes de minha carreira e de minha vida. Vou guardá-los comigo para sempre. São mais valiosos do que qualquer troféu, medalha ou cinturão.

Eduardo Knapp / Folhapress

Capítulo 15

UM GRANDE PODER EXIGE GRANDE RESPONSABILIDADE

As pessoas manifestam muita curiosidade sobre minha vida pessoal. Algumas coisas têm a ver com o mundo das lutas, outras, não. Vou matar a curiosidade da galera.

Uma das perguntas que mais escuto é se sou mesmo um cara vaidoso. Sou, sim! Meu cabelo, por exemplo, caiu quando passei Alisabel. Queria alisá-lo e ele começou a cair. Meu visual careca não teve nenhuma relação com as lutas.Tem gente que acha que raspo a cabeça para atemorizar os adversários. A verdade sobre meus cabelos é que eles caíram nocauteados pelo Alisabel!

Costumo brincar que sou meio afeminado. Não falo do timbre da voz. Ele sempre foi horrível, de taquara rachada. O que digo é que todo homem é meio "afeminado". O mundo é gay, essa é a verdade! Meu mundo não é gay, mas o mundo é gay. Todo homem é afeminado, e eu sou mais que os outros. Passo creme (Victoria Secret), uso perfume, máscara antes de dormir. A máscara é moderna – quando retirada, todo o excesso de sujeira do rosto é eliminado. Fica uma beleza...

No universo das lutas, os caras são uns trogloditas com cheiro de urso. Eu, não. Sempre tive esse tipo de cuidado. Convivia com minha irmã e minha tia. Via as mulheres passando creme, henê no cabelo. Faço igual hoje. As pessoas falam que Beckham é metrossexual. Então sou metrossexual! Um pouco acima da média, mas sou. Convenci alguns amigos a passar creme, levar desodorante na bolsa. Fui responsável por uma evolução desse lado dos caras. Não tem nada de boiolagem nisso. Mulher gosta de homem cheiroso. Se fica com cheiro de urso, mulher não gosta.

Insisto para que passem um creminho. Aí os caras passam. Alguns já assumiram o lado metrossexual. Agora tento convencer o Minotauro. Encho o saco dele. Ele fala:

– O negão é todo cheiroso. O bom de treinar com o negão é que o negão é todo cheiroso.

E eu respondo:

– Você passa o dia inteiro se agarrando com homem, tem que estar cheiroso!

Um dia vou fazer do Minotauro um metrossexual. (Brincadeira, hein!)

Não é só em relação aos cuidados estéticos que as pessoas demonstram curiosidade. Muita gente pergunta quando vou parar de lutar. Faz sentido, porque estou mais próximo dos 40 do que dos 30. A resposta mais sincera que posso dar hoje é que não tenho resposta. É possível que suba ao ringue mais quatro vezes. Ou pode ser que renove meu contrato por mais 10 combates. Tudo vai depender da minha cabeça, de como vai estar meu corpo. Também não descarto antecipar a parada. Uma luta a mais e pronto, já deu. Uma coisa é certa: aos poucos me preparo para o fim da carreira. É ainda uma coisa vaga, distante.

É como um carro que você enxerga com dificuldade pelo retrovisor num momento e, de repente, percebe com nitidez a marca, o modelo e a cor. Hoje já começo a olhar para o retrovisor e me dar conta de que a viagem está chegando perto do final. Sou um motorista cuidadoso. Por enquanto, tudo está muito vivo dentro de mim. Ainda sinto amor pelo que faço. Não é hora de estacionar.

A necessidade de proporcionar estabilidade a meus filhos está muito viva em mim. Quero que se formem em uma faculdade, tenham um diploma, andem com as próprias pernas. É o que todo pai deseja para seus filhos. Falei na estrada da vida e sei que, quando estacionar, vou ter cinco filhos e uma companheira muito especial à minha espera. Estar com minha família é a coisa mais importante. Mais do que carreira, títulos, dinheiro, fama.

Tenho cinco filhos. Kaory é uma menina tímida e amorosa. Gabriel é retraído, tímido também. Ele guarda muita coisa para si, não fala muito. João eu defino como um pequeno homenzinho, muito dono de si, determinado. Kauana é uma princesinha. É preciso jeito para falar com ela. Se for um pouco mais duro, ela chora. Ao mesmo tempo, é superprotetora com os outros irmãos. Kalyl é um cara que não tem vergonha nem medo de nada.

Ao longo de oito meses, eu me dedico aos treinos e compromissos da carreira. Meus filhos sentem minha falta, mas a gente está sempre se falando. Procuro monitorá-los, ligo para a escola para saber como estão. Já se acostumaram com meu controle a distância. Ainda assim, fazem aquela manha: "Pai, volta pra casa, a gente está com saudade. Vem logo!"

Fico com meus filhos cerca de quatro meses por ano. Quando estou com eles, levo ao cinema, jogo futebol, brinco de muitas coisas. Gabriel dá impressão de querer se tornar lutador. Não incentivo. Acho que tem de partir dele. O fato é que treina. Kalyl não gosta tanto de luta. Seu negócio é futebol. Se tiver que treinar, treina. Conhece os movimentos, tem a base. Falo apenas uma coisa: eles têm de praticar boxe tailandês. É uma tradição da família a esta altura. Quero que se tornem faixas pretas. Até mesmo em jiu-jítsu, espero que consiga um dia formá-los faixas pretas. Não tem nada a ver com carreira, mas com a filosofia da arte marcial.

Penso o tempo todo em meus filhos e em nosso futuro. Fico apreensivo quando assisto a documentários que retratam atletas que não souberam desenhar um futuro. Garrincha, que morreu sem nada. Mike Tyson, que teve grandes oportunidades, mas, por não poder contar com as pessoas certas, perdeu tudo.

O que acontece comigo é uma passagem. É assim que encaro. Não imaginava ser considerado um dia o melhor lutador do mundo. Tudo se passou naturalmente. Não era uma obsessão, nunca tive a pretensão de alcançar esse tipo de reconhecimento. Eu queria ter uma vida digna, oferecer conforto e perspectiva a meus filhos. A arte marcial sempre foi mais um porto seguro, um espaço onde me sentia bem comigo mesmo. Tive grandes mestres e me via apenas como um professor. Meu talento para o combate se revelou lentamente, quase por obra do acaso. Sou um professor de artes marciais que está campeão do UFC. Nem mesmo me acho o melhor do mundo, como dizem.

Vai chegar o momento em que as pessoas deixarão de me assediar, tirar fotografias, oferecer contratos publicitários. Um dia o cinturão não será meu. Tudo isso vai acabar, e eu estarei preparado. Tenho claro na cabeça onde estou, de onde vim, aonde quero chegar. Meu sonho é ser tão bom quanto todos os professores que me ajudaram em minha trajetória. E não me refiro aqui apenas a técnicas de luta. Quero ser tão bom quanto eles como homem. A luta é parte do homem. Há bons lutadores e maus lutadores. De novo não me refiro a técnicas, cartel ou cinturão.

Meus mestres me tornaram um ser humano melhor. Sem eles eu não teria chegado muito longe. Tenho de agradecer ao Rogério Camões, que me dá bons conselhos, aos irmãos Nogueira, ao Pedro Rizzo, ao Josuel Destaque, ao Cesário e ao Ramon Lemos.

Aproveito aqui para matar uma curiosidade em relação a meu treinamento. Muita gente me pergunta se tenho por hábito ouvir música no dia a dia da preparação. É verdade. Para descontrair, também gosto de imitar lutadores que admiro. O tenista Novak Djokovic faz o mesmo com seus colegas do circuito. É um misto de brincadeira e tributo. Nunca alguém reclamou comigo por isso, ao contrário do que já foi especulado. Todo mundo encara como deve encarar: uma homenagem bem-humorada.

Outra indagação frequente diz respeito ao que faço para recuperar a energia após a pesagem. Uma primeira coisa é ter à mão algo para me reidratar. Seguem-se pequenas refeições de duas em duas horas. Para não me desgastar com a perda de peso, procuro iniciar o treinamento para os combates já próximo do peso que considero ideal. Todo o processo é supervisionado por minha equipe e amparado em pesquisas acadêmicas.

As pessoas também indagam sobre meus planos futuros, o que gostaria de fazer quando deixar de lutar. É claro que desejo transmitir a técnica que adquiri todos esses anos. Um de meus projetos é viajar para a Tailândia e travar contato com o boxe tailandês original. Quero compreender a didática utilizada por seus mestres para transmitir conhecimento. Por muito pouco a viagem não aconteceu. É algo que terei como prioridade tão logo minha carreira de lutador chegue ao fim.

Meu intuito é passar meu conhecimento de vida. Sou, em essência, um mestre de artes marciais. Posso fazer isso aqui ou lá fora, ainda que minha preferência seja pelo Brasil. Não terei ambição de formar outro grande campeão. Meu desejo será formar outros bons homens. Sonho com minha academia, meu espaço, transmitir meu conhecimento, não a luta pela luta, mas a filosofia da arte marcial. Até por isso, meu desejo é que aconteça quando puder estar presente. Eu terei como meta acompanhar de perto o dia a dia da academia e dos alunos.

O que a arte marcial tem a ensinar de mais nobre é o que alguém realmente vai usar na sua vida. Um aluno pode ser médico, jogador de futebol, policial e até atleta de MMA. Não importa. O que vale é ter em mente os valores mais elevados que um ser humano deve carregar consigo. A arte marcial me ensinou disciplina, paciência, honra, determinação, superação, humildade, respeito ao próximo. Mais valioso do que qualquer tesouro é o conhecimento que se tem. É algo que ninguém vai tirar. É o que desejo transmitir às pessoas.

A vida me colocou diante de muitas encruzilhadas. Por pouco não tomei caminhos sem volta. Estive muitas vezes em becos sem saída. Por diversas ocasiões, o destino parecia dizer que não havia nada de bom no fim da viagem. Não sou um cara perfeito. Estou longe disso. Mas de alguma maneira eu venci a luta mais importante da minha vida: eu me tornei um homem do qual meus filhos podem ser orgulhar. Ao longo da minha trajetória, não atropelei nem passei por cima de ninguém. Sempre encontrei um jeito de me desviar da mágoa e do ressentimento. Mesmo os que foram injustos comigo não tiveram minha inimizade. Desejo o melhor para todos eles. Nunca deixei de honrar a confiança dos meus amigos. Sei que eles estarão comigo hoje e sempre. De tudo o que vivi, posso dizer que não seria o homem que sou sem o apoio desses amigos e de minha família. E eu não seria o homem que sou sem a filosofia que me foi transmitida por meus mestres.

Eu me sentiria feliz se os fãs do MMA tivessem sempre em mente que somos praticantes de uma atividade cuja filosofia prega o respeito ao próximo. Uma filosofia que nada tem a ver com violência, mas com respeito e honra. A arte marcial fez de mim uma pessoa melhor. Eu gostaria que ela inspirasse da mesma forma todos os que amam o UFC.

LUTAS IMPORTANTES DE ANDERSON SILVA (em toda a sua carreira no MMA)

DATA	OPONENTE	RESULTADO	MÉTODO
25/06/1997	Raimundo Pinheiro	Vitória	Finalização (Mata-Leão)
27/05/2000	Luiz Azeredo	Derrota	Decisão dividida
02/03/2001	Tetsuji Kato	Vitória	Decisão unânime
26/08/2001	Hayato Sakurai	Vitória	Decisão unânime
23/06/2002	Alex Stiebling	Vitória	TKO (Intervenção do médico)
16/03/2003	Carlos Newton	Vitória	KO (Joelhadas voadoras e socos)
11/09/2004	Lee Murray	Vitória	Decisão unânime
28/06/2006	Chris Leben	Vitória	KO (Joelhada)
14/10/2006	Rich Franklin	Vitória	KO (Joelhada)
20/10/2007	Rich Franklin	Vitória	TKO (Joelhadas)
1º/03/2008	Dan Henderson	Vitória	Finalização (Mata-Leão)
19/07/2008	James Irvin	Vitória	KO (Socos)
18/04/2009	Thales Leites	Vitória	Decisão unânime
09/08/2009	Forrest Griffin	Vitória	KO (Soco)
07/08/2010	Chael Sonnen	Vitória	Finalização (Triângulo)
06/02/2011	Vitor Belfort	Vitória	KO (Mae Gueri)

OBSERVAÇÕES
Primeira luta no MMA (evento Brazilian Freestyle Circuit 1)
Primeira derrota no MMA (evento Mecca World Vale-Tudo 1)
Estreia em um evento internacional (Shooto: To The Top 2)
Primeiro cinturão no MMA (cinturão dos médios do Shooto)
Primeira luta no PRIDE (evento Pride 21: Demolition)
Vitória sobre um ex-campeão do UFC (evento Pride 25: Body Blow)
Cinturão dos médios do Cage Rage (evento Cage Rage 8: Knights of the Octagon)
Estreia no UFC (evento UFC Ultimate Fight Night 5)
Cinturão dos médios do UFC (evento UFC 64: Unstoppable)
Defesa do cinturão dos médios e título de nocaute da noite (evento UFC 77: Hostile Territory)
Defesa do cinturão dos médios do UFC. Prêmios de melhores luta e finalização da noite. Unificação dos cinturões do Pride e do UFC (evento UFC 82)
Luta na categoria meio-pesado do UFC (evento UFC Fight Night)
Defesa do cinturão dos médios do UFC. Quebra do recorde de vitórias consecutivas no UFC (evento UFC 97)
Luta na categoria meio-pesado do UFC (93kg). Prêmios de melhores luta e nocaute da noite (evento UFC 101)
Defesa do cinturão dos médios do UFC. Prêmios de melhores finalização e luta da noite. Chael Sonnen testou positivo para esteroides anabolizantes e Anderson Silva lutou com uma costela fraturada e um dedo fraturado (evento UFC 117)
Defesa do cinturão dos médios do UFC. Prêmio de nocaute da noite (evento UFC 126)

Obs.: KO = nocaute
TKO = nocaute técnico

INFORMAÇÕES SOBRE OS PRÓXIMOS LANÇAMENTOS

Para saber mais sobre os títulos e autores
da EDITORA SEXTANTE,
visite o site www.sextante.com.br
ou siga @sextante no Twitter.
Além de informações sobre os próximos lançamentos,
você terá acesso a conteúdos exclusivos e poderá participar
de promoções e sorteios.

Se quiser receber informações por e-mail,
basta cadastrar-se diretamente no nosso site.

Para enviar seus comentários sobre este livro,
escreva para atendimento@esextante.com.br
ou mande uma mensagem para @sextante no Twitter.

EDITORA SEXTANTE
Rua Voluntários da Pátria, 45 / 1.404 – Botafogo
Rio de Janeiro – RJ – 22270-000 – Brasil
Telefone: (21) 2538-4100 – Fax: (21) 2286-9244
E-mail: atendimento@esextante.com.br